Glücklich als Empath

Wie Sie als hochsensible, empathische Person Ihr Mitgefühl und Ihre Emotionen richtig steuern. So erkennen, verstehen und nutzen Sie Ihre einzigartige Gabe

Hanna Thielert

Inhaltsverzeichnis

Einführung

Es gibt eine einzigartige Gruppe von Individuen, welche die Fähigkeit besitzen, nicht nur ihre eigenen Emotionen und die der Menschen um sie herum zu erleben; sie können auch die körperlichen Schmerzen anderer Menschen spüren. Diese Personen betreten einen Raum und können innerhalb von Minuten die Stimmung anderer Menschen genau wahrnehmen. Das mag wie eine großartige Superkraft klingen, die in die Welt von X-Men gehört, aber in Wirklichkeit kann es sehr schwierig sein, damit umzugehen, und nicht viele Menschen sind emotional und geistig dazu in der Lage, mit diesen Gaben zurechtzukommen. Sie identifizieren solche Personen vielleicht als Menschen, die übermäßig sensibel sind. Experten der Psychologie bezeichnen sie als Empathen und ihre Geschichte hat nicht immer einen glücklichen Ausgang.

Lange Zeit waren Emotionen als Schwäche verpönt und sie zu zeigen, wurde bestenfalls den Frauen gestattet. Im schlimmsten Fall galten Menschen, die ihre Emotionen zu oft zeigten, als Personen, die keine Kontrolle über ihre Gefühle haben. Abfällige Begriffe wie „unberechenbar", „zerbrechlich", „Heulsuse" und viele andere Bezeichnungen werden zur Kategorisierung von Menschen verwendet, die es wagen, ihre Gefühle zu zeigen. Die allgemeine negative Wahrnehmung von Emotionen ist in das Fundament der Gesellschaft, die Familie, eingesickert. Es gibt heute viele Familien, die strenge Maßnahmen ergreifen, um jede Art von Gefühlsregung zu Hause zu verhindern. Dieses Bedürfnis, einen sehr wichtigen Aspekt des eigenen Selbst zu unterdrücken, hat dazu geführt, dass viele einen Großteil ihres Lebens im Stillen leiden. Ein Empath lebt mit dem doppelten Trauma, sowohl mit seinen eigenen Emotionen als auch mit dem Schmerz anderer umgehen zu müssen. Dadurch ist er ständig emotional überfordert. Wenn Sie dieses Buch zur Hand genommen haben, ist es wahrscheinlich, dass Sie ein Empath sind oder einen Empathen kennen, der mit seiner emotionalen Last kämpft.

Aber was, wenn ich Ihnen sagen würde, dass genau diese Emotionen, die Sie und Ihre Fähigkeit, zu gedeihen, zu lähmen scheinen, darauf gerichtet werden können, aus Ihnen das Beste herauszuholen, und dass Sie dadurch Ihr Leben bereichern können? Klingt zu schön, um wahr zu sein, oder? Nun, hier ist eine Wahrheit, die viele von uns gehört haben, aber nicht wirklich glauben, weil sie in die gleiche Kategorie wie diese unwirksamen Klischees gesteckt wurden, mit denen die Leute um sich werfen. Ihre Emotionen sind alles andere als schwach. Tatsächlich werden sie als eine der mächtigsten Kräfte beschrieben, die der Mensch besitzt, und bevor wir in diesem Buch auf Näheres eingehen, kann ich Ihnen sagen, dass es Ihnen nicht guttun wird, Ihre Emotionen zu unterdrücken. Der einzige Weg nach vorne besteht darin, diese Gefühle anzunehmen, indem Sie sich entscheiden, Ihre Fähigkeiten als Empath zu akzeptieren.

Ein Empath zu sein, geht über das Verstehen Ihrer Emotionen hinaus. Als Empath nehmen Sie auch die Emotionen anderer an. Die Fülle an Verständnis, die Sie in diesem Prozess erwerben, gibt Ihnen eine einzigartige Perspektive auf die Welt und die Menschen, denen Sie täglich begegnen. Das hilft Ihnen sehr dabei, sinnstiftendere und wirkungsvollere Beziehungen zu pflegen. Am wichtigsten ist, dass Sie als Empath eine tiefere Verbindung zu sich selbst entwickeln, die Sie wirklich befähigt, Schmerz zu verstehen. Hierbei handelt es sich nicht um irgendein New-Age-Psychogeschwätz, das gerade im Trend liegt. Sondern es geht darum, dass Sie sich die Macht von Menschen zurückerobern, die Ihre wahren Gefühle als schwach abgestempelt haben, und sich zu dem „wahren Ich" entwickeln, das Ihnen bestimmt ist.

Mit diesem Buch können Sie endlich die Maske ablegen, die Ihnen von der Gesellschaft aufgezwungen wurde, und in Ihre Realität eintreten. Als Empath, der den Prozess meines „Werdens" ohne Anleitung durchlaufen musste, weiß ich, wie schwierig es ist, seine eigenen Gefühle zu verstehen. Ich habe täglich viele Stunden damit verbracht, das Internet nach Informationen über diese Achterbahnfahrten von Emotionen zu durchforsten, die ich jeden Tag durchmache. Ich bin mehreren Zusammenbrüchen nahegekommen, nicht weil ich viele schlechte Erfahrungen gemacht habe oder weil ich zu viel Arbeit auf mich genommen habe. Ich war einfach ständig überwältigt von dem, was ich fühlte. Die Leute kamen mit ihren Problemen zu mir, weil ich so gut zuhören konnte und eine Verbindung zu ihnen herstellen konnte, die sie als tröstlich empfanden. Aber am Ende musste ich mich auch mit den emotionalen Folgen ihrer Notlagen auseinandersetzen. Ich suchte eine Beratung auf, und eine Zeit lang half mir das. Aber ich brauchte immer noch Bestätigung von den Menschen, mit denen ich tagtäglich zu tun hatte. Ich wollte vor ihnen nicht emotional zusammenbrechen, damit ich weiterhin ihr bester Berater sein konnte.

Das bedeutete, so tun zu müssen, als hätte ich mein Leben hundertprozentig im Griff, auch wenn es sich in Wirklichkeit so anfühlte, als könnte ich die Fäden kaum zusammenhalten. Um es kurz zu machen: Ich war ein Wrack.

Doch mit den Informationen – die in diesem Buch zusammengefasst sind – bin ich in der Lage,

- die Emotionen, die ich fühlte, zu verstehen
- die Kraft zu finden, diese scheinbar chaotischen Teile von mir selbst anzunehmen
- zu lernen, mit meinen Emotionen besser umzugehen
- mein mir angeborenes intuitives Wesen freisetzen und mehr auf meine Instinkte zu hören
- meine Beziehungen zu anderen Menschen besser zu führen

Vielleicht lesen Sie meine Geschichte und fühlen sich dabei, als ob Sie in den Spiegel Ihres eigenen Lebens schauen würden. Ich versichere Ihnen, wenn ich meinen Weg zurückfinden konnte, können Sie das auch. Allerdings gibt es einen Vorbehalt. Das Leben als Empath erfordert, dass Sie Ihre Entscheidungen bewusst treffen. Alles andere könnte Sie auf eine Abwärtsspirale an einen dunklen Ort führen, von dem nicht viele Menschen zurückkommen. Bevor Sie zum nächsten Kapitel gelangen, möchte ich, dass Sie sich einen Moment Zeit nehmen und sich genau hier und jetzt dazu entschließen, dass Sie in Zukunft bewusster mit Ihren Entscheidungen umgehen werden.

Die Informationen, die Sie in diesem Buch erhalten, sind praktische Schritte, die Sie täglich ausführen können und die Ihnen helfen, Ihre Emotionen besser zu managen, während Sie durch die trüben emotionalen Gewässer anderer Menschen navigieren. Am Ende dieses Buches sollten Sie in der Lage sein, sich auf ein Dach zu stellen und stolz zu verkünden, dass Sie wissen, wer Sie sind. Dieses Wissen ist mächtig und sehr erbaulich. Um also das nächste Kapitel Ihres Lebens zu beginnen, blättern Sie auf die nächste Seite. Es wird spannend.

Kapitel 1
Sind Sie ein Empath?

Ich war ein Teenager, als ich meine erste Begegnung mit dem Wort „Empath" hatte. Es stammte aus einer Fernsehserie, die zu dieser Zeit sehr beliebt war. In dieser Serie wurde der Empath als jemand dargestellt, der über göttliche Kräfte verfügte und die Fähigkeit hatte, alles zu fühlen, was die Menschen um ihn herum fühlten. Dieser Empath konnte ihren Schmerz, ihre Freude, ihre Wut und sogar ihre Ängste spüren. In dieser fiktiven Welt waren die Kräfte des Empathen übertragbar, aber wenn jemand anderes als ein echter Empath versuchte, diese Kräfte an sich zu reißen, wurde er von der Last der Emotionen, die er erleben musste, erdrückt. Diese Darstellung eines Empathen ist sicherlich faszinierend, aber sie ist auch sehr extrem.

Was ist ein Empath?

Ein Empath ist schlichtweg eine Person mit einem erhöhten Bewusstsein für die Emotionen um sie herum. Über dieses Bewusstsein hinausgehend, neigen Empathen dazu, eine

Menge Empathie gegenüber anderen Menschen zu zeigen – so sehr, dass sie die Emotionen anderer so erleben können, als wären es ihre eigenen. Empathen beobachten Menschen nicht nur; sie haben die angeborene Fähigkeit, von innen heraus alles so zu erleben wie sie. Der Begriff „Fähigkeit" wird hier sehr locker verwendet. Er deutet nicht auf die Existenz übernatürlicher Eigenschaften hin, sondern bezieht sich auf ein Persönlichkeitsmerkmal, das diese Menschen einzigartig macht.

In der Psychologie werden Empathen als Menschen beschrieben, die ein großes Maß an Empathie für andere haben. In Anbetracht dessen, was ich bisher erklärt habe, könnte es sich ein wenig enttäuschend anfühlen, Empathen auf so einfache Weise zu definieren. Empathen sind mächtig einzigartig, weil sie Emotionen spüren können, die die Menschen um sie herum zu verbergen versuchen. Ohne die richtigen Informationen kann diese „Einzigartigkeit" jedoch eine Menge Frustration verursachen. Wie können Sie angesichts dessen feststellen, ob Sie wirklich ein Empath sind und sich das nicht nur herbeiwünschen?

Ich habe eine Liste zusammengestellt, die die Eigenschaften der meisten Empathen erforscht. Wenn sechs oder mehr der folgenden Merkmale auf Sie zutreffen, sind Sie wahrscheinlich ein Empath.

10 Anzeichen, dass Sie ein Empath sind

1. Überfüllte Räume führen dazu, dass Sie sich überwältigt fühlen

Wenn Sie sich in einem Meer von Menschen befinden, spülen deren Emotionen wie Wellen über Sie hinweg. Für eine Person, die dazu neigt, alles zu spüren, kann dies dazu führen, dass Sie sich überwältigt fühlt. Das Gefühl ist vergleichbar mit einer Reizüberflutung, bei der alle Ihre Sinne aktiviert werden und Sie alles gleichzeitig wahrnehmen.

2. Sie personifizieren sich mit den Erfahrungen anderer

Wenn ein Freund mit starken emotionalen Geschichten zu Ihnen kommt, hören Sie nicht nur zu und versuchen, seinen aktuellen Gemütszustand zu ermessen. Sie sehen sich selbst in seinen Schuhen und durchleben seine Erlebnisse, als ob sie Ihnen selbst passiert wären. Am Ende des Gesprächs sind Sie nicht nur ein Beobachter, sondern ein aktiver Teilnehmer an dem Ereignis. Dadurch werden Sie genauso emotional aufgewühlt wie die Person, die ihre Erfahrung mit Ihnen geteilt hat.

3. Sie werden als „emotional" oder „zu sensibel" abgestempelt

Die Art und Weise, wie Menschen Sie beschreiben, kann Ihnen einen kleinen Einblick in Ihre Persönlichkeit geben. Dies trifft nicht oft wirklich zu, aber es spricht für die von Ihnen ausgeführten Handlungen, die zu der allgemeinen Wahrnehmung führen, dass Sie entweder zu emotional oder zu sensibel sind. Emotional zu sein, geht über die Fähigkeit hinaus, bei jeder Gelegenheit zu weinen. Es deutet darauf hin, dass Sie leicht aus der Ruhe zu bringen sind.

4. Der Umgang mit Menschen entkräftet Sie

Es gibt Menschen, die innerhalb weniger Minuten eine ganze Achterbahnfahrt von Emotionen durchlaufen, und diese Art von Menschen kann selbst für eine normale Person anstrengend sein. Für einen Empathen ist es doppelt so schlimm. Selbst das Gespräch mit der sanftmütigsten Person könnte Sie erschöpfen. Und warum? Weil Sie die echten Emotionen unter der höflichen Fassade spüren können. Empathen haben ein starkes Gespür für die wahren Gefühle anderer und lassen sich selten etwas vorspielen.

5. Die meisten Menschen fühlen sich von Ihnen verstanden

Das ist logisch, denn Sie verstehen die Menschen tatsächlich. Ihre Fähigkeit, die Dinge aus ihrer Perspektive zu sehen und sich in sie einzufühlen, ermöglicht Ihnen, eine einzigartige Verbindung zu anderen herzustellen. Auf eine seltsame, aber lobenswerte Weise verfügen Sie über diese Bindung, die Sie in ihre Lage versetzt. Aus diesem Grund fühlen sich die Menschen zu Ihnen hingezogen. Sie können sich auf eine Art und Weise beachtet fühlen, die sie normalerweise nicht erleben. Traurigerweise verstehen nicht viele Menschen Empathen, abgesehen von anderen Empathen.

6. Sie sind meist introvertiert

Ihr Bedürfnis, mit Menschen in sehr begrenzten Dosen umzugehen, bringt Sie an den Rand gesellschaftlicher Ereignisse, aber das stört Sie wahrscheinlich nicht sonderlich. Sie haben vielleicht sogar Freude daran. Empathen sind eher introvertiert, weil das Aufnehmen der Emotionen anderer anstrengend sein kann, sodass sie dazu neigen, viel Zeit für sich selbst zu brauchen. Extrovertierte Empathen gibt es zwar, aber sie sind selten.

7. Sie können Emotionen intuitiv spüren

Dies ist ein wichtiger Indikator dafür, dass Sie ein Empath sind. Sie lassen sich so gut wie nie von Charme und der äußeren Fassade täuschen. Und wenn eine Person den Fehler macht, Sie anzulügen, können Sie das im Handumdrehen erkennen, ohne überhaupt Fragen stellen zu müssen. Für Sie gibt es dafür keine Technik. Sie achten nicht auf einen erhöhten Puls, erweiterte Pupillen oder schwitzige Handflächen. Als Empath wissen Sie es einfach.

8. Sie fühlen sich mit der Natur verbunden

Dies ist ein weiterer allgemeiner menschlicher Wesenszug. Er ist nicht unabdingbar, aber bei Empathen sehr häufig vertreten. Ihre Verbindung zur Natur geht über die Liebe zu Bäumen und zum Zwitschern der Vögel hinaus. Diese Dinge bereiten Ihnen Freude, aber sie geben Ihnen zusätzlich ein Gefühl der Verjüngung. Manche Menschen fühlen sich nach einer erholsamen Nachtruhe erfrischt, andere suchen Trost im Essen, aber für Sie ist die Natur das, was Ihre Säfte zum Fließen bringt.

9. Sie können niemals Nein zu einer Person in Not sagen

Ihre Erfahrungen mit dem Schmerz, dem Leid oder der Freude anderer Menschen bleiben nicht dabei, dass Sie deren Gefühle „fühlen". Sie zwingen Sie auch zum Handeln. Sie werden das kleine Mädchen nicht weinend in der Ecke stehen lassen, nur weil ihre Mutter bereits bei ihr ist. Sie wollen dazu beitragen, dass es ihr besser geht. Ein paar Münzen in den Becher für den Obdachlosen zu werfen, reicht Ihnen nicht aus. Sie gehen nach Hause, nehmen ein schönes Paar Socken, eine warme und liebevoll benutzte Decke und geben sie ihm. Und wenn der Mann nicht mehr in die Gegend kommt, sind Sie vielleicht einer der Ersten, der es bemerkt. Da es Empathen schwerfällt, Nein zu sagen, haben viele von ihnen Probleme damit, dass sie mehr auf sich nehmen, als sie bewältigen können. Sie wollen jedem helfen, und das kann dazu führen, dass sie sich ausgelaugt fühlen.

10. Sie können sich in fast jeden einfühlen

Es geht nicht nur darum, die Gefühle von Obdachlosen und weinenden Kindern zu spüren. Seien wir ehrlich: Es ist einfach, sich in die schwachen Menschen in unserer Gesellschaft einzufühlen, und jeder freundliche Mensch würde das tun. Empathen können im Grunde für jeden Empathie empfinden. Wenn zwei Menschen in einen Streit geraten, ist ein Empath vielleicht nicht mit den Handlungen des Angreifers einverstanden, aber er kann trotzdem Empathie für ihn empfinden. Er ist in der Lage, die Gefühle zu ermitteln, die die Person dazu veranlasst haben, sich so zu verhalten, und er kann sich in dieses tiefe Bedürfnis einfühlen. Ein wahres Anzeichen eines Empathen ist, wenn er sich emotional in jemanden hineinversetzen kann, von dem sich alle anderen abgewendet haben.

Bevor Sie dieses Buch begonnen haben, haben Sie wahrscheinlich schon vermutet, dass Sie ein Empath sind. Wie fühlt es sich jetzt an, nachdem Sie dies bestätigt haben? Ich erinnere mich, wie erleichtert ich mich fühlte, als ich endlich diese Begriffsdefinition eines Empathen entdeckte. Es kann eine befreiende Erfahrung sein, sich endlich mit etwas zu identifizieren und zu wissen, dass man nicht allein ist.

Lassen Sie uns jetzt etwas Wichtiges klären. Es gibt ein paar Wörter, die synonym mit dem Wort „Empath" verwendet werden. Sie mögen verwendet worden sein, um bestimmte Aspekte eines Empathen zu beschreiben, aber sie bedeuten in keiner Weise, dass eine Person, die diese Qualitäten besitzt, ein Empath ist. Es ist wichtig, eine klare Unterscheidung zu treffen, um in Zukunft Verwirrung zu vermeiden.

Empathisch, introvertiert und sensibel: Was ist der Unterschied?

Beginnen wir mit der Standard-Wörterbuch-Definition dieser Wörter, bevor wir sie in der Tiefe erforschen. Eine Person, die als empathisch beschrieben wird, zeigt im Wesentlichen die Fähigkeit, die Gefühle einer anderen Person zu verstehen und zu empfinden. Ein Introvertierter hingegen ist ein schüchterner und zurückgezogener Mensch, der neue Energie eher dadurch tankt, Zeit mit sich selbst zu verbringen. Eine sensible Person ist jemand, der schnell auf die Aktionen oder Reaktionen anderer reagiert. Wie wir sehen können, sind dies drei verschiedene Eigenschaften mit drei verschiedenen Bedeutungen. Obwohl es durchaus möglich ist, dass ein echter Empath jede dieser drei Eigenschaften besitzt, kann keine dieser Eigenschaften allein Sie zu einem Empathen machen.

Es gibt Menschen, die die Fähigkeit besitzen, mit anderen mitzufühlen. Sie haben Mitleid mit dem Schmerz, den eine andere Person durchmacht, aber das macht sie nicht alle zu Empathen. Empathie ist eine wunderbare menschliche Eigenschaft, aus der Freundlichkeit entstehen kann. Empathen hingegen haben nicht nur Mitleid wegen des Schmerzes anderer, sie personalisieren ihn und machen ihn zu ihrem eigenen. Ein Empath braucht eine geschickte Disziplin, damit er vom Schmerz anderer Menschen nicht emotional verkrüppelt wird.

Manche Empathen werden introvertiert, weil sie sich vor dem Kummer verstecken wollen, den häufige Interaktionen mit

Menschen bei ihnen auslösen. Sie brauchen jedoch diese Interaktionen mit Menschen, um ihre empathischen Fähigkeiten voll auszuschöpfen. Wenn sie sich weiterhin in der Einsamkeit verstecken, kann diese empathische Natur verschüttet werden und sie werden einfach zu Introvertierten. Nun empfinden Introvertierte tatsächlich Freude am Alleinsein. Abgesehen von zwingend notwendigen menschlichen Interaktionen (und selbst dann nur mit einer sehr begrenzten Anzahl von Menschen) hat der Introvertierte keine Freude daran, sich mit Menschen zu beschäftigen, zu denen er keine tiefe Bindung hat. Für Empathen ist diese Einsamkeit dazu gedacht, eine kurze Atempause von dem Ansturm der Emotionen zu bekommen, denen sie während sozialer Interaktionen ausgesetzt sind.

Sensibel zu sein bedeutet nicht automatisch, dass man sich der Emotionen anderer Menschen übermäßig bewusst ist. In der Tat kann es sich in vielen Fällen nur um ein erhöhtes Bewusstsein für das eigene Ich handeln. Sensible Menschen können sich ihrer Wünsche und Bedürfnisse sehr bewusst sein, zumindest dann, wenn sie nicht bekommen, was sie wollen und brauchen. Sie haben eine feste Vorstellung davon, was sie für richtig oder falsch halten, und wenn Worte, Handlungen oder vermeintliche Reaktionen diesen Informationen, die sie von sich selbst haben, zuwiderlaufen, reagieren sie. Selbst wenn sie auf Informationen reagieren, die andere betreffen, geht es dabei meist um ihre Wahrnehmung der Erfahrungen anderer. Viele arrogante und narzisstische Individuen können als sensibel beschrieben werden und sind dabei das Gegenteil eines Empathen. Haben Sie schon einmal erlebt, wie emotional ein Narzisst wird, weil er seinen Willen nicht bekommt? Ganz genau. Viele Narzissten bezeichnen sich sogar als Empathen, um ihre unangemessenen Emotionen zu rechtfertigen, aber vergessen Sie nie, dass ein wahrer Empath Einfühlungsvermögen für andere Menschen besitzen muss.

Zusammenfassend kann man sagen, dass dies wunderbare Eigenschaften sind, die man als Mensch haben kann, und je nach Persönlichkeitstyp können sie einem gute Dienste leisten. Allerdings umfasst ein Empath zu sein mehr als das. Generell ist die falsche Verwendung bestimmter Wörter zur Identifizierung eines Empathen nicht das einzige Missverständnis, das es gibt.

8 falsche Vorstellungen über Empathen

1. Empathen sind schwach

Dies ist nur eine der vielen abwertenden Bezeichnungen, die von Menschen verwendet werden, die das Mitgefühl eines Empathen nicht verstehen. Diese Menschen schauen auf jede Gefühlsäußerung außer Wut herab. In Wirklichkeit können Empathen einige der stärksten Menschen sein, die Sie jemals treffen werden. Es kann anstrengend sein, so leicht so viele Emotionen zu fühlen, und es braucht wahre Stärke, um wieder aufzustehen, nachdem man so überwältigt wurde.

2. Empathen können keine Führungskräfte sein

Eine Organisation, in der es keine Form von Empathie in der Führung gibt, würde zu einem toxischen Umfeld führen, in dem die Mitarbeiter nicht gedeihen können, und schließlich vielleicht sogar ihre Posten verlassen. Eine empathische Führungskraft quillt nicht ständig vor Emotionen über; eine empathische Führungskraft kann ihre Mitarbeiter schlichtweg als menschliche Wesen sehen und nicht nur als Rädchen in ihrer Maschine. Führungskräfte, die sich in ihre Mitarbeiter einfühlen können, werden von diesen Mitarbeitern eher gemocht. Und wenn Mitarbeiter in einer Organisation gegenseitigen Respekt füreinander haben, wird diese Organisation sofort zu einem fantastischen Team.

3. Empathen können nicht rational sein

Ich glaube, das ist das größte Missverständnis von allen. Ein Empath ist jemand, der mehr als nur die Fakten im Kopf hat, wenn er seine Analysen durchführt. Seine Fähigkeit, Fakten mit dem Wissen, das er aus seiner emotionalen Quelle schöpft, zu kombinieren, gibt ihm ein vollständigeres Bild der jeweiligen Situation. Ein Empath wird bei seiner Entscheidungsfindung nicht durch Emotionen behindert, ihm stehen einfach mehr Informationen zur Verfügung, auf deren Grundlage er handeln kann. Empathen brauchen vielleicht länger, um eine Entscheidung zu treffen, da sie mehr zu berücksichtigen haben, aber Empathie beeinträchtigt nicht den Sinn für Rationalität.

4. Empathen können hellsehen

Dies ist einer dieser Mythen, von denen ich wünschte, wir müssten sie nicht zerstreuen. Angesichts der Genauigkeit, mit der ein Empath wahre Emotionen entschlüsseln und einen Lügner auf frischer Tat ertappen kann, muss man sich fragen, ob es einen übernatürlichen Aspekt gibt. Doch da ist nichts Übernatürliches dran. Empathen sind einfach sehr geschickt im Interpretieren von Mikroexpressionen, Tonfall und Körpersprache. Sie nehmen diese Emotionen nicht aus dem Nichts auf, die Zeichen sind die ganze Zeit da; es ist nur so, dass die meisten Menschen sie nicht lesen können.

5. Alle Empathen sind introvertiert

Tatsache ist, dass die meisten Empathen einige introvertierte Neigungen aufweisen, aber sie sind nicht immer introvertiert. Es gibt jede Menge Empathen, die extrovertiert sind, und viele von ihnen sind besser darin, es zu verstecken, wenn sie sich emotional überwältigt fühlen. Sie brauchen immer noch Zeit, um nach sozialen Situationen wieder Kraft zu tanken und durchzustarten, aber sie fühlen sich eher gezwungen, wieder rauszugehen, wenn sie die nötige Ruhe hatten.

6. Empathen sind fiktive Charaktere, die von Comics erfunden wurden

Ich bin versucht, in eine Litanei von Worten zu verfallen, um dies zu widerlegen, aber die Tatsache, dass Sie und ich existieren, reicht, um zu zeigen, dass dies nicht wahr ist. Psychologen haben öffentlich anerkannt, dass es Empathen gibt, und sie können sogar identifizieren, was uns zu dem macht, was wir sind. Brauchen wir noch mehr Beweise?

7. Empathen sind immer weinerlich und überemotional

Die meisten Menschen erwarten von einem Empathen, dass er ständig einen emotionalen Zusammenbruch hat. Unsere Fähigkeiten als Empathen erlauben uns den Zugang zu einer Tür, die nicht viele Menschen erreichen können, und manchmal kann das, was wir auf der anderen Seite finden, sehr beunruhigend und in manchen Fällen sogar überwältigend sein. Aber das Bild des Empathen, der ständig in der Fötusstellung daliegt und sich die Augen ausweint, ist völlig unzutreffend. Obwohl Empathen sehr emotional werden *können*, befindet sich nur ein kleiner Prozentsatz von ihnen dauerhaft in diesem Zustand. Nach einer Weile lernen Empathen, mit ihrer Gabe umzugehen. Sie neigen dazu, sich bewusst zu machen, wann sie sich zurückziehen müssen, um zu verhindern, dass sie in diesen Zustand geraten.

8. Empathen sind Opfer von Traumata

Viele Opfer von Traumata können sich als Empathen entpuppen, aber dies wird nie durch das Trauma selbst verursacht. Manchmal können Empathen ein vollkommen glückliches und stabiles Leben führen, ohne je einem Trauma ausgesetzt zu sein, und sie werden trotzdem stark mit denjenigen mitfühlen, die anders sind als sie. Das ist es, was Empathen so unglaublich macht. Die meisten Menschen müssen etwas erleben, um daraus zu lernen, aber Empathen können es sofort aufnehmen.

Kapitel 2
Die Gabe der Empathie verstehen

In Anbetracht all dessen, was Sie in Ihrem Leben gefühlt haben, sträuben Sie sich vielleicht, empathische Qualitäten oder Fähigkeiten als Geschenk zu betrachten. Und wer kann Ihnen das verdenken? Ihre emotionale Reise bis zu diesem Punkt glich einer Achterbahnfahrt. Die meisten Menschen haben Schwierigkeiten, die Emotionen zu verarbeiten, denen sie begegnen. Ein Empath kann noch vor dem Mittag eine ganze Bandbreite von Emotionen erleben, doch nicht nur das. Sie erleben diese Emotionen in einer Intensität, die normalerweise Ihre „Emotionsnervenpunkte", wie ich sie gerne nenne, beschädigen würde (sie sind wie die Zahlen auf der Waage, nur dass sie in diesem Fall nicht Ihr Gewicht, sondern Ihre Grenzen einschätzen). Viele Menschen würden zerbrechen, wenn sie nur einen Bruchteil dessen erleben würden, was Sie fühlen. Unter diesen Umständen sind Sie und Ihre Gefühle wie ein aktiver Vulkan. Ihr Äußeres verbirgt den Aufruhr, der in Ihrem Inneren vor sich geht.

Sie denken wahrscheinlich: „Dieser Teilzeit-Schriftsteller und Vollzeit-Empath leistet schlechte Arbeit, wenn es darum geht, die Idee zu verkaufen, dass man seine empathischen Fähigkeiten als eine Gabe sieht." Nun, das liegt daran, dass alles, was ich erläutert habe, tatsächlich als Schwäche angesehen werden kann, wenn man es durch die falsche Linse betrachtet. Aber wollen Sie ein Geheimnis wissen? Sie können diese Schwäche ganz einfach zu Ihrer Superkraft machen. Sie müssen nur wissen, wie.

Ihre Fähigkeit, eine Vielzahl von Emotionen schneller als der Durchschnittsmensch zu verarbeiten, erfordert eine Menge Kraft. Die Art und Weise, wie Sie Emotionen und Interaktionen mit so viel Tiefe erleben, ist eine neue Art von Intelligenz. Und das menschliche Äquivalent eines Vulkans zu sein? Also bitte! Das ist doch fantastisch!

Viele Menschen halten die Gabe der Empathie für eine Superkraft, aber sie kann tatsächlich wissenschaftlich erklärt werden. Steigen wir tiefer ein.

Die Wissenschaft hinter Empathie und Empathen

Die Erklärungen, die ich bisher für die Empathie gegeben habe, kommen aus einer psychologischen und erfahrungsbezogenen Sichtweise. Aber was hat die Wissenschaft dazu zu sagen? Es wurde erstaunlich viel zu diesem Thema geforscht, und es gibt mehr als eine Handvoll Theorien, die die Erfahrungen der Empathen erklären. Einige dieser Theorien sind Nonsens und würden vor keinem wissenschaftlichen Gericht Bestand haben. Ich fand ein paar davon recht interessant.

Ich habe im Laufe meiner Recherche so viele wissenschaftliche Theorien wie möglich untersucht. Ich habe sie in verschiedene Ordner sortiert: die völlig verrückten, die Science-Fiction-Theorien und die, die mir wirklich zu denken gaben. Ich werde die besten Theorien darlegen, die für mich am sinnvollsten klingen. Und wie wäre es mit einer der albernen, um mit einem Lacher zu enden?

Diejenigen, die ihre Karriere dem Studium des Gehirns gewidmet haben, mussten einen Spitzenplatz auf dieser Liste bekommen und sie haben uns nicht enttäuscht. Ihnen zufolge verhalten sich Empathen aufgrund des Spiegeleffekts so, wie sie es tun. Der Spiegeleffekt besagt im Wesentlichen, dass, wenn wir jemanden etwas tun sehen, der Teil unseres Gehirns, der für die Ausführung der gleichen Handlungen verantwortlich ist, ausgelöst wird. Ohne dass wir uns dessen bewusst sind, wird diese Handlung neurologisch ausgeführt. Und obwohl diese Handlung nie in Wirklichkeit von uns ausgeführt wurde, leitet unser Gehirn die Informationen an uns weiter, so als ob wir es tatsächlich getan hätten. Anschließend erleben wir die Folgen dieser Handlungen aus erster Hand, als ob sie uns passieren würden.

Nehmen wir an, Ihre Freundin erzählt Ihnen von ihrer schrecklichen Trennung und davon, wie sie die ganzen Sachen ihres Ex-Partners in einen Koffer packen musste. Ein empathischer Mensch versetzt sich sofort in diese Situation. Es ist fast so, als wären Sie selbst dabei gewesen und hätten die Sachen der Person weggepackt, von der Sie sich gerade für immer verabschieden werden. Sie waren nicht dabei, aber es fühlt sich für Sie real an. Sie fühlen die Traurigkeit in ihrer Gesamtheit. Der Teil Ihres Gehirns, der während dieses Szenarios aktiv sein würde, ist jetzt tatsächlich aktiv. Sie brauchten nur die Geschichte von Ihrer Freundin zu hören. So sieht das Leben eines Empathen aus.

Ich wette, dass Sie dies schon einmal erlebt haben. Neurowissenschaftlern zufolge sagt uns unser Gehirn, wenn wir sehen, wie eine Person eine bestimmte Handlung ausführt, dass wir dasselbe getan haben, und wir erleben, was sie fühlt. Neurologisch gesprochen, haben wir uns tatsächlich in die Haut des anderen versetzt.

Der Fokus der Studie lag auf Empathie und nicht auf Empathen im Speziellen. Sie hat bewiesen, dass Empathie eine Wahl ist. Ja, Sie haben richtig gelesen. Die Signalübertragung des Gehirns mag wie eine unwillkürliche Reaktion, so wie ein Blinzelreflex geklungen haben, aber tatsächlich entscheidet das Gehirn in weniger als einer Nanosekunde, ob es sich auf den Spiegeleffekt einlassen wird. Das Zeigen von Empathie wird zu einer Wahl. Psychopathen weigern sich hartnäckig, an diesem Prozess teilzunehmen, indem sie sich absichtlich emotional distanzieren.

Die zweite Studie verfeinerte den Zweck der Forschung. In diesem Fall ging es nun nicht mehr nur um Empathie. Die

Studie sollte erklären, warum manche Menschen einfühlsamer sind als andere. Die für dieses Projekt verantwortliche Person entschied sich gegen die Verwendung des Wortes „Empath". Stattdessen wurde der Begriff ‚Altruist' verwendet. Es ist wichtig zu beachten, dass es verschiedene Arten von Altruisten gibt. Es gibt den verwandtschaftsbasierten Altruisten. Wie der Name schon sagt, sind diese Typen sehr einfühlsam gegenüber Menschen, die sie als eng mit ihnen verwandt betrachten. Eine Mutter, die die Ängste ihres Kindes miterlebt, zeigt Empathie wie keine andere, doch das macht sie noch nicht zu einem Empathen, oder? Die zweite Gruppe von Altruisten wird unter der auf Gegenseitigkeit basierenden Gruppe eingeordnet. Ich bezeichne sie gerne als ‚Kratze mir den Rücken und ich kratze dir den Rücken'-Geber. Für sie ist ein Gefallen eine Bindung, die sie sehr schätzen, und sie haben die Absicht, diesen Gefallen zu erwidern, egal was es sie kostet. Haben Sie jemals einen dieser Filme gesehen, in denen der Held einen „alten Freund" aufsucht, der ihm einen Gefallen schuldet, um ihm oder ihr zu helfen, eine Mission zu erfüllen? Meistens stirbt dieser alte Freund, aber nicht bevor er dem Helden sagt, dass er seine Schuld beglichen hat (so traurig, wenn das passiert). Nun, das ist es, wovon wir hier sprechen. Und dann gibt es noch die dritte Gruppe von Leuten, deren Verhalten darin begründet liegt, dass ihnen das Wohlergehen der Person, für die sie die gute Tat vollbringen, nun einmal wirklich am Herzen liegt. Sie müssen keine vorherige Beziehung zu der Person gehabt haben, und tatsächlich ziehen es die Menschen dieser Gruppe vor, bei großzügigen Gaben anonym zu bleiben. Diese Helden ohne

Umhang werden in dem Experiment als fürsorgebasierte Altruisten klassifiziert und auf ihnen lag der Hauptfokus in dieser Untersuchung. Damit kommen wir zurück zur Forschung.

Die Teilnehmer waren Menschen, die selbstlose Taten vollbracht haben, wie z. B. einem völlig Fremden ein Organ zu spenden und andere wirklich coole Dinge (die Sie vielleicht dazu bringen, darüber nachzudenken, was Sie bei der nächsten Gelegenheit „geben", wenn Sie wissen, was ich meine). Ihnen gegenübergestellt wurde eine Gruppe von Personen, die noch nie Dergleichen getan haben, und beide Gruppen wurden gebeten, sich verschiedene Bilder mit unterschiedlichen Gefühlsäußerungen anzusehen. Ihre Gehirne wurden gescannt, um ihre Reaktion auf diese Bilder zu beobachten und die Ergebnisse zu dokumentieren. Es zeigte sich, dass die Amygdala, der Teil des Gehirns, der unter anderem für die Verarbeitung von Emotionen verantwortlich ist, um 8 % größer zu sein schien als bei den normalen Nicht-Altruisten in der Gruppe – eine unglaubliche Beobachtung. Natürlich untersuchten die Forscher auch die Typen, die das ganze Gegenteil zu dieser Gruppe bilden (die Psychopathen). Sie fanden heraus, dass die Amygdala der Psychopathen 18 % kleiner war als beim Durchschnitt. Nun, das leuchtet ein. Aber wer hätte gedacht, dass 8 % einen so großen Unterschied machen können? Aber dieses Gehirnphänomen war nicht das Einzige, was diese Gruppe auszeichnete. Andere Aspekte ihres Lebens wurden untersucht, und es zeigte sich, dass sie (die fürsorgebasierten Altruisten) offensichtlich bescheidener waren als andere Menschen. Deshalb reagierten sie auf den Schmerz und die Ängste völlig fremder Menschen, als ob es ihre eigenen wären. Und das bringt uns zum zentralen Punkt dieser Forschung. Sie wurde von der Rolle geleitet, die Angst bei den von Altruisten getroffenen Entscheidungen spielt. Lassen Sie mich das für Sie aufschlüsseln.

Empathen sind mehr als nur großzügig. Das Wichtigste für Empathen ist, die Emotionen anderer so zu erleben, als wären es ihre eigenen. Es gibt keine Grenzen für die Bandbreite der Emotionen, die sie fühlen. Sie können die Wut anderer spüren, den Schmerz und sogar deren Freude. Dieses Experiment konzentrierte sich auf den großzügigen Aspekt der Empathen und nicht nur auf das erfahrungsbezogene Element, das für die vollständige Definition eines Empathen entscheidend ist. Die Forscher wollten herausfinden, ob es einen Weg gibt, wahre Empathen eindeutig zu identifizieren. Ich würde sagen, diese Studie konnte uns erfolgreich vermitteln, dass einige Menschen erwiesenermaßen sensibler für die Not anderer und zudem motivierter sind, auf diese zu reagieren, weil sie die Erfahrung der Person in Not verarbeitet und personalisiert haben (hier kommt wieder der Spiegeleffekt ins Spiel). Doch dies spricht das Problem immer noch nicht vollständig an. Ich bin jedoch bereit, die 8 % größere Amygdala, die sie entdeckt haben, zu akzeptieren.

Die letzte Untersuchung führte die Theorie aus dem Labor in eine Richtung, die ich am besten als Nonsens beschreiben kann. Aber es ergibt durchaus Sinn. Vor allem, da sie von einem Professor der Psychologie stammt (Dr. Michael Banissy). Die erste Studie, die ich hier besprochen habe, konzentrierte sich auf den Spiegeleffekt. Diese Untersuchung hingegen richtete sich auf etwas, das Spiegel-Berührungs-Synästhesie genannt wird. Laut dem Artikel, den ich gelesen habe, handelt es sich dabei um ein Phänomen, bei dem die Grenze zwischen dem, was man tatsächlich erlebt, und dem, was man sieht, verwischt ist. Mit anderen Worten: Was man sieht und was man fühlt, ist fast das Gleiche. Nun ist das Spiegeln des Schmerzes einer anderen Person eine häufig auftretende Erfahrung. Wenn Sie als Mann sehen, wie ein anderer Mann in seinen Unterleib geschlagen wird, kann das bei Ihnen eine reflexartige Reaktion hervorrufen. Sogar Frauen können diese Reaktion zeigen. Die Grenzen beginnen jedoch zu verschwimmen, wenn Sie nicht nur körperlich auf den Schmerz dieser Person reagieren, sondern auch einen entsprechenden Schmerz in Ihrer Unterleibsregion erfahren. Die Forscher, die diese Untersuchung durchgeführt haben, sagen, dass dies so selten ist, dass nur etwa 2 % der Bevölkerung es erleben.

Das hat mich wirklich interessiert, weil ich eine persönliche Erfahrung gemacht habe, die meiner Meinung nach zu diesem Phänomen passt. Zu dieser Zeit besuchte ich einen meiner Cousins, dem ich sehr nahestehe. Ich verbrachte ein paar Tage bei ihm zu Hause, seine Frau war zu dieser Zeit hochschwanger. Es war keine dieser glanzvollen Promi-Schwangerschaften, wo alles so großartig zu sein scheint. Sie hatte morgendliche Übelkeit, Rückenschmerzen und Akne im Gesicht und am Körper. Sie tat mir so leid, dass ich mich am Ende des ersten Tages sehr viel übergeben musste. Zuerst dachten wir, dass ich eine Grippe oder so etwas bekommen hätte. Ich wurde in meinem Zimmer unter Quarantäne gestellt, aber am Ende des zweiten Tages war klar, dass ich ihre Symptome widerspiegelte, da ich plötzlich Akne im Gesicht und auf der Brust hatte. Das war ein einmaliger Vorfall und ich habe danach nie mehr darüber nachgedacht. Erst die Lektüre dieser Forschungsarbeit brachte mir das wieder in Erinnerung. Doch nun zurück zu den Forschungen.

Im Wesentlichen händigten die Wissenschaftler zufälligen Personen Materialien aus, um ihr Empathieniveau einzuschätzen, und dann wurde ein kurzer Test mit ihnen durchgeführt. Der Test war simpel. Die Testperson sollte sich hinsetzen und dann wurde mit einem Finger auf eine Seite ihres Gesichts getippt, während sie eine andere Person beobachtete, der ebenfalls auf das Gesicht getippt wurde, nur auf der gegenüberliegenden Seite. Dann wurden sie gefragt, wo sie die Berührung gespürt hatten. Die allgemeine Theorie lautet, dass Menschen, die die Spiegel-Berührungs-Synästhesie haben, zögern, zu antworten, weil sie sich nicht sicher sind, wo sie das Antippen gespürt haben. Nun waren die Ergebnisse nicht ausreichend schlüssig, um die Existenz von Empathen zu belegen. Sie zeigten uns jedoch einen Aspekt der Empathie, der erklären könnte, warum bestimmte Menschen stärker „empathisch" sind als andere. Die Unfähigkeit, zwischen der eigenen persönlichen Erfahrung und der von anderen zu unterscheiden, ist ein beunruhigendes Konzept, das eindeutig weiter untersucht werden muss, aber es hebt die Charakterzüge hervor. Was ich aus den Forschungsergebnissen mitnehme, ist, dass es ein Element der Wahl in diesem Prozess gibt. Es ist kein Konstruktionsfehler im Gehirn, der dazu führt, dass man mehr oder weniger dazu neigt, empathisch zu sein. Und ich denke, dass alle drei Arten von Untersuchung diese Erkenntnis in gewisser Weise unterstützen. Ein Teil von Ihnen wird auf bestimmte Situationen ein wenig anders reagieren als andere Menschen, aber letztendlich ist das nichts, was Sie ohne die Beteiligung Ihres Willens tun. Mit anderen Worten: Empathen werden nicht als Empathen geboren. Empathie ist ein Prozess, eine Kombination aus Ihrer Erziehung, Ihren persönlichen Werten und manchmal etwas Biologie.

Trotzdem habe ich versprochen, mir eine der nicht so konventionellen wissenschaftlichen Erklärungen für die Existenz von Empathen anzusehen. Ich habe eine Menge Artikel zu diesem Thema gelesen und der folgende stach für mich heraus. Laut diesem Artikel (ich werde nicht einmal Ihre Zeit mit einem Link verschwenden, um ihn zu lesen) sind Empathen Menschen, die an einer sensorischen Verarbeitungsstörung leiden. Wenn Sie Ihren Kaffee verschüttet haben, während Sie das gelesen haben, sei Ihnen verziehen. Aber halten Sie sich fest, da kommt noch mehr. Man glaubt nämlich, dass Empathen Menschen sind, die nicht in der Lage sind, die Erfahrungen, die sie durch die Welt um sie herum erhalten, genau zu sortieren, weil sie so empfindlich auf alles reagieren, von Anblicken über Geräusche bis hin zu Gerüchen. Man könnte auch sagen: „Wenn das Leben sie reizüberflutet, berichten manche Menschen sogar von Schwindelgefühlen und erhöhter Angst". Es fiel mir sehr schwer, mich damit zu identifizieren, und ich bin sicher, dass es Ihnen genauso geht. Aber nachdem ich die dazugehörige Beschreibung des empathischen Verhaltens gelesen hatte, konnte ich nachvollziehen, dass dies für die Forscher Sinn ergab. Laut ihnen (ich paraphrasiere wieder) ist „verstärkte Empathie das emotionale Äquivalent dazu, bei der sanftesten Berührung Ihres Arms Schmerz zu empfinden". Ich würde dies unter die unzähligen Dinge reihen, die einen Empath nicht ausmachen.

Zusammenfassend lässt sich sagen, dass ein Empath zu sein, Sie laut der Wissenschaft nicht zu einem Sonderling macht. Sie mögen auf Dinge anders reagieren, aber das ist nur ein Teil dessen, was Sie besonders macht.

Kognitive, emotionale und mitfühlende Empathie

Als ich vor ein paar Jahren diese Reise begann, um eine klare Definition dessen zu bekommen, was es bedeutet, ein Empath zu sein und was es für mich persönlich bedeuten sollte, hatte ich das Glück, dabei einige erstaunliche Menschen zu treffen. Einer von ihnen war und ist bis zum heutigen Tag ein sehr guter Freund von mir. Ich traf Austin damals in meinen College-Jahren, gleich nachdem ich zu dem Schluss gekommen war, dass die Wissenschaft nicht in der Lage ist, die Existenz von Empathen zu bestreiten. Der nächste Schritt bestand darin, herauszufinden, wie man die ganze Sache in den Griff bekommt, also, wie wir es schaffen, uns selbst besser zu verstehen. Dieser Freund von mir sagte eines der tiefgründigsten Dinge über das Dasein als Empath. Er sagte, ein Empath zu sein ist, als hätte man eine neurale Verbindung zu jedem, den man trifft, sieht, hört oder kennt. Natürlich war das ein ziemlich nerdiger Spruch, aber dennoch tiefgründig. Empathen sind mit anderen Menschen durch ihre emotionalen Erfahrungen verbunden. Wenn das der Fall ist, sind dann alle Empathen aus dem gleichen Holz geschnitzt? Ich meine, was passiert mit den Empathen bei all diesen Verbindungen? Wie reagieren sie? Erleben sie die Dinge auf die gleiche Weise? Diese Fragen brachten uns auf den Gedanken, wenn es keine wissenschaftliche Methode gibt, einen Empathen von einem anderen zu unterscheiden, muss es doch zumindest einen Weg geben, um zu verstehen, wie Empathen im Allgemeinen ticken. Und wir begannen, das Verhalten von Empathen zu erforschen.

Empathen reagieren auf Emotionen, aber es ist die Art und Weise der Reaktion, die sie einzigartig macht. In meiner Forschung gibt es mehrere Arten von Empathie, aber ich werde mich auf drei verschiedene Typen konzentrieren (wir werden später noch ein paar andere betrachten). Und ich glaube, dass wir anhand dieser Unterscheidungen die Antworten darauf finden können, warum wir so handeln, wie wir es tun. Ich werde jeden Typus einzeln erforschen und erklären und im Anschluss werden wir darauf zurückkommen, wie all das mit dem korreliert, was wir über Empathen wissen.

Kognitive Empathie

Darunter fallen Empathen, deren empathische Fähigkeiten an die Perspektive gebunden sind. Für sie hat die empathische Erfahrung mehr mit der Tatsache zu tun, dass sie in der Lage sind, die Dinge aus der Sicht der Person zu sehen, mit der sie mitfühlen. Von allen drei Arten der Empathie, die ich kennengelernt habe, denke ich, dass die kognitive Empathie die distanzierteste Form ist (jedenfalls so distanziert wie ein Empath sein kann), und sie ist auch die passivste Form der Empathie. Empathen, die in diese Kategorie fallen, geben ausgezeichnete Mediatoren oder Diplomaten ab, da sie die Neigung dazu haben, beide Sichtweise zu sehen.

Menschen, die kognitive Empathen nicht verstehen, denken, dass sie logische, emotionslose Wesen sind, die sich an die Fakten halten und alles andere ignorieren, aber das Gegenteil ist der Fall. Wenn diese Leute Ihnen sagen, dass sie verstehen, wie Sie sich fühlen, sollten Sie ihnen besser glauben, denn sie tun es tatsächlich. Über die Emotionen hinaus bemüht sich ein kognitiver Empath aufrichtig darum, wirklich zu „verstehen", was Sie meinen, indem er absichtlich die geistige Anstrengung unternimmt, sich in Ihre Lage zu versetzen. Und wenn dies geschehen ist, taucht er wirklich in die Situation ein, sodass er alles fühlen kann, was Sie fühlen. Ich denke, dass seine Reaktion auf die emotionale Notlage von Menschen weniger reaktiv und mehr pragmatisch ist. Und zwar nicht pragmatisch im allgemeinen Sinn des Wortes. Seine praktische Herangehensweise an eine Lösung ergibt sich aus seiner klaren Vorstellung davon, was Sie meinen.

Wenn ein kognitiver Empath zum Beispiel einer obdachlosen Person eine Lösung anbietet, wird diese über eine Dose Suppe hinausgehen. Und zwar deshalb, weil der Empath das Problem als Ganzes sieht und nicht nur die momentanen Unannehmlichkeiten, die die Person gerade erlebt. Ein typischer kognitiver Empath würde sich in die gesamten Erlebnisse einer obdachlosen Person hineinversetzen. Er würde sich das Wanderverhalten der obdachlosen Person ansehen, die Wetterbedingungen in den Gegenden, in denen sie höchstwahrscheinlich die Nacht verbringen wird, die Mühen des Umzugs von Ort zu Ort, und das ohne den Luxus, zu den Jahreszeiten passende Kleidung zu haben. Er würde dem Obdachlosen daraufhin ein flexibles Outfit kaufen oder sogar eins entwerfen, das sich an verschiedene Wetterbedingungen anpassen kann, ohne dabei viel Pflege zu erfordern. Nicht viele Menschen würden so eine Entscheidung treffen, aber wenn sie die Denkweise des kognitiven Empathen verstehen können, ergibt es Sinn, dass die Natur der Lösung praktisch ist, und dennoch aus dem Verständnis heraus geboren.

Emotionale Empathie

Diese Art der Empathie ist selbsterklärend, aber um sicherzustellen, dass alles verstanden wird, werde ich trotzdem darauf eingehen. Emotionale Empathie ist eine instinktive Form der Empathie, bei der der Empath auf die Emotionen anderer Menschen reagiert. Psychologische Profiler bezeichnen sie als die primitivste Form. Wenn Sie sich an das erinnern, was wir in dem Abschnitt besprochen haben, der sich auf die wissenschaftlichen Theorien hinter der Empathie konzentrierte, ist der Spiegeleffekt, der in einer der Studien hervorgehoben wurde, hier gut anwendbar.

Ein emotionaler Empath kann die Gefühle spiegeln, die er in anderen Menschen sieht oder hört. Aber seine emotionale Reaktion entstammt nicht immer einem logischen Verständnis. Es ist einfach ein Reflex. Doch nur weil es nicht wie ein durchdachter Prozess aussieht, bedeutet das nicht, dass emotionale Empathen ahnungslos gegenüber ihren Reaktionen sind. Tatsächlich ist der emotionale Quotient von emotionalen Empathen ungewöhnlich hoch. Bei einem Gespräch mit Ihnen würden sie ihre Interpretation auf die Körpersprache und Ihre Ausstrahlung (in Ermangelung eines besseren Wortes) stützen. Sie können aufgreifen, was Sie fühlen und entweder die gleiche Emotion spiegeln oder eine, durch die Sie sich besser fühlen würden. Allgemein gesehen sind diese Typen sehr emotional intelligent.

Eine sehr häufige falsche Vorstellung, welche die Menschen über emotionale Empathen haben, ist, dass sie sehr emotional sind und wahrscheinlich in null Komma nichts zu weinen anfangen oder die Kontrolle über ihre Emotionen verlieren. Die Realität sieht anders aus. Ihre emotionale Intelligenz verleiht ihnen die Fähigkeit, auch ihre eigenen Emotionen wahrzunehmen und diesen einen Riegel vorzuschieben, bevor sie aus dem Ruder laufen. Sie können Emotionen genau erkennen, sie widerspiegeln und sie manchmal sogar umleiten, bevor die Person, die sie erlebt, überhaupt merkt, was vor sich geht. Sie haben diese angeborene Gabe, dass sie die Menschen um sich herum dazu bringen können, sich besser zu fühlen.

Mitfühlende Empathie

Nun, diese hier ist die aktivste Form der Empathie. Sie kombiniert Aspekte sowohl der kognitiven Empathie als auch der emotionalen Empathie, denn der mitfühlende Empath ist in der Lage, die Dinge aus der Sicht der anderen Person zu sehen und dann auf der Grundlage des Verständnisses, das er erlangt hat, zu reagieren. Der emotionale Empath ist der Mensch, den wir alle kennen und den wir als den typischen Empathen stereotypisiert haben. Der mitfühlende Empath hingegen ist derjenige, der wir alle zu werden versuchen. Die Qualitäten des mitfühlenden Empathen erheben ihn fast in eine himmlische Sphäre, weil sie beinahe zu schön klingen, um wahr zu sein, aber genau diese Qualitäten machen ihn aus.

Ein mitfühlender Empath ist die Art von Person, die erkennen würde, dass die Herzschmerz-Playlist ihrer besten Freundin ein Zeichen dafür ist, dass in der Liebe nicht alles in Ordnung ist. Und mehr als nur anzuerkennen, dass dies der Fall ist, würde sie noch einen Schritt weiter gehen, indem sie genau die richtige Art von Veranstaltung oder Aktivität organisiert, die die besagte Freundin aus ihrem Trübsinn reißen und ihr neuen Schwung geben würde. Wir alle wollen einen mitfühlenden Empathen auf unserer Seite haben, weil sie das Leben so viel einfacher machen.

Wenn Sie nun auf diese drei Empathen zurückblicken, können Sie sehen, dass jeder von ihnen seine Vor- und Nachteile hat (der eine mehr als der andere), aber sie dienen alle einem Zweck. Das Endziel für Empathen ist es, zum mitfühlenden Empath zu werden, weil dieser ein gesundes Gleichgewicht von Aktion und Reaktion zu halten scheint. Ich habe in allen Fällen beobachtet, dass Sie daran arbeiten können, Aspekte von sich selbst zu verbessern, wenn Sie das Gefühl haben, dass Sie zu sehr zu einer Kategorie neigen. Wenn Sie z. B. das Gefühl haben, dass Sie im Umgang mit anderen Menschen zu pragmatisch sind, sollten Sie sich vielleicht darin üben, emotional intelligenter zu sein. Verstehen Sie mich nicht falsch. Ich denke nicht, dass es falsch ist, praktisch zu sein. Aber manchmal entfernt man sich ein wenig zu sehr von der gegenwärtigen Realität, weil man so sehr auf das große Ganze fokussiert ist. Ein wenig emotionale Intelligenz würde hier sehr viel helfen. Was den emotionalen Empathen betrifft, so brauchen die Menschen um Sie herum manchmal mehr als nur eine Gefühlsschau, um Situationen zu überstehen. Zu verstehen, was sie wirklich durchmachen, anstatt sich nur auf Ihre Instinkte zu verlassen, kann Ihnen helfen, in Krisenzeiten „nützlicher" zu sein.

Was macht einen Empathen aus?

Am Ende des ersten Abschnitts in diesem Kapitel gab es eine wichtige Lektion, in der wir gelernt haben, was Empathen nicht sind ... Sie werden nicht erschaffen, obwohl sie in manchen Fällen so geboren werden (sehr verwirrend, ich weiß – aber dazu kommen wir gleich noch). Zugegeben, es gibt einige biologische Kennzeichen, die eine Rolle dabei spielen, wie Sie bestimmte Dinge verarbeiten, aber das macht Sie letztendlich nicht aus. Einer der biologischen Faktoren, die für bestimmte empathische Verhaltensweisen verantwortlich gemacht werden, ist die Amygdala. Die Wissenschaftler sagen uns, dass die Amygdala von Empathen etwas größer ist als die des Durchschnittsmenschen, aber es wurde auch darüber gesprochen, dass Menschen mit einer größeren Amygdala tiefsitzende Angstzustände haben. Laut dieser Untersuchung können bestimmte Ereignisse (im Zusammenhang mit Furcht und Angst) ein Wachstum neuer Zellen in diesem Bereich des Gehirns auslösen, was wiederum die Größe dieses Teils des Gehirns erhöht und zu mehr Angst führt. Da Empathen nicht gerade von Ängsten geplagt sind, können Sie die Biologie nicht dafür verantwortlich machen.

Manche Menschen versuchen, ihre empathischen Fähigkeiten auf ein bestimmtes Ereignis, ein Trauma oder eine Erinnerung in ihrem Leben zurückzuführen, obwohl sie sich nicht daran erinnern können, jemals nicht so gewesen zu sein, wie sie jetzt sind. Das Eingeständnis, dass die Fähigkeiten durch irgendeine Art von Tragödie verursacht oder ausgelöst wurden, würde implizieren, dass die Fähigkeiten nur inaktiv waren und irgendwie reaktiviert wurden. Das klingt nicht nur unrealistisch, sondern auch wie etwas, das aus der Handlung eines Low-Budget-Sci-Fi-Films gestohlen wurde … kryptisch, bizarr und falsch. Wenn überhaupt, passiert das Gegenteil. Ein tragisches Ereignis kann ein Abschalten Ihrer empathischen Fähigkeiten auslösen. In den folgenden Kapiteln werden wir das im Detail besprechen, aber es sei Ihnen gesagt, dass Empathie nicht aus einer persönlichen Erfahrung heraus geboren wird. Ich sollte an dieser Stelle darauf hinweisen, dass es bestimmte Erfahrungen gibt, die Sie dazu veranlassen würden, sich in jeden einzufühlen, der etwas Ähnliches durchmacht. Wie wir aber sicher schon gelernt haben, macht Sie die Zurschaustellung von Empathie nicht automatisch zu einem Empathen. Es gehört mehr dazu.

Solange die wissenschaftliche Forschung nicht das Gegenteil beweist, sollten Sie nicht nach einem einzelnen Element als dem Funken suchen, der die empathische Natur in Gang setzt, sondern Ihre Existenz als das Ergebnis vieler Faktoren betrachten, die zusammenkommen, um Ihr fantastisches Ich zu schaffen. Es gibt eine biologische Komponente, die die Dinge in Gang bringt, eine kleine Menge an Erfahrungen, die Sie für mehr Emotionen bereit machen, ein bisschen soziale Konditionierung und eine gesunde Dosis Willenskraft.

5 seltene Typen von Empathen

Als wir in diesem Abschnitt über die verschiedenen Typen von Empathen eingestiegen sind, habe ich erwähnt, dass wir uns noch andere Typen von Empathen ansehen würden. Wenn Sie sich mit den bereits genannten Formen der Empathie nicht identifizieren konnten, besteht eine große Chance, dass Sie hier das Passende finden könnten. Wohlgemerkt, diese Arten von Empathen sind nicht sehr häufig, aber sie haben sehr einzigartige, identifizierbare Merkmale, die ich kurz durchgehen werde.

Geomantischer Empath: Die Emotionen eines geomantischen Empathen sind auf die Umgebung abgestimmt, in der er sich aufhält. Seine empathischen Fähigkeiten speisen sich aus den Energien des Ortes, an dem er sich befindet. Ein typischer geomantischer Empath würde Ihnen sagen, dass bestimmte Orte bei ihm eine bestimmte Art von Emotion hervorrufen. Er wird normalerweise von Orten angezogen, die entweder eine reiche Geschichte haben oder die als heilig gelten, wie Tempel, Kirchen und so weiter.

Pflanzen-Empath: Diese Menschen haben das, was wir als grünen Daumen bezeichnen, und das liegt daran, dass Pflanzen unter ihrer Pflege immer besser zu gedeihen scheinen. Das hat aber mehr mit ihrem natürlichen Gespür für die Bedürfnisse der Pflanzen zu tun als mit ihrem Wissen über das Pflanzen selbst. Pflanzen-Empathen neigen dazu, in Jobs oder Unternehmen Erfolg zu haben, die sich um die Pflanzenindustrie drehen.

Tier-Empath: Wie die Pflanzen-Empathen sind auch die Tier-Empathen auf die Bedürfnisse der Tiere eingestimmt. Sie können irgendwie spüren, was Tiere brauchen. Der gängige Begriff für sie ist Tierflüsterer. Im Gegensatz zu Pflanzen-Empathen, die sich mit fast allen Pflanzenarten verbinden, sind Tier-Empathen jedoch vermutlich auf ein bestimmtes Tier eingestimmt. Es ist also nicht ungewöhnlich, Tierempathen zu finden, deren Empathie sich auf Katzen, Hunde oder sogar Vögel richtet.

Intuitiver Empath: Diese Personen, die auch als hellsichtige Empathen bezeichnet werden, können intuitiv die Emotionen anderer Menschen aufgreifen, ohne dass sie ihnen mitgeteilt werden. Sie sind die Art von Empathen, die sich nicht so leicht von den Gefühlsäußerungen der Menschen beeinflussen lassen, weil sie die wahre Natur der Emotionen spüren können, die unter der Fassade, die ihr Gegenüber präsentiert, verborgen sind, egal wie gut diese Fassade aufgebaut ist.

Physischer/medizinischer Empath: Ein medizinischer Empath kann fast sofort spüren, wenn der Körper einer Person aus gesundheitlichen Gründen nicht in Ordnung ist. Sie nehmen die Energie der Menschen, die sie treffen, auf und können diese Energie bestimmen, so wie ein Meteorologe das Wetter bestimmen würde.

Kapitel 3
Die Realität eines Empathen

Nachdem wir Empathie und den Empathen sowohl von einem mythischen als auch von einem wissenschaftlichen Standpunkt aus betrachtet haben, ist es an der Zeit, uns den Einzelheiten zuzuwenden. Und mit „Einzelheiten" meine ich, dass wir zu den kleinsten Details des täglichen Lebens eines Empathen kommen. Jenseits des digitalen Hypes, der durch die Darstellung von Empathen in den Medien noch verstärkt wurde, gibt es die Realität und die ist nicht immer angenehm. Diese Realität ist der Grund, warum Sie dieses Buch wahrscheinlich überhaupt erst in die Hand genommen haben. Die „Gabe", die Welt durch die vielfarbigen Linsen der Emotionen zu sehen, hat ihren Preis. Und je eher Sie den Preis verstehen, den Sie zahlen, desto leichter wird es sein, den Sturz ins Ungewisse aufzuhalten. Wenn Sie weiterlesen, müssen Sie sich vielleicht mit einigen erschreckenden Wahrheiten auseinandersetzen. Es mag ein wenig unangenehm werden, aber ich verspreche Ihnen, dass es am Ende besser wird. Betrachten Sie das Buch nicht als Vorhersage des Untergangs, sondern als Ihre persönliche Coming-out-Party, bei der Sie sich in den Seiten dieses Buches in all Ihrer strahlenden Pracht widergespiegelt sehen – sowohl mit all Ihren Fehlern als auch Ihren Stärken.

Die 6 dunklen Seiten des Daseins als Empath

Wir wissen, dass Empathen im Allgemeinen auf eine gewisse Weise emotional intuitiv sind, auch wenn sie sich in dem, worauf sie eingestimmt sind, unterscheiden mögen. Diese Erfahrung hinterlässt sie jedoch meistens emotional wund und sensibel. Doch emotionale Sensibilität ist nicht das Einzige, womit sie zu kämpfen haben. Ich dachte über mein Leben nach sowie über die Informationen, die ich während meiner Nachforschungen zusammenstellen konnte, und erstellte damit eine Liste von ein paar Dingen, mit denen fast alle Empathen zu kämpfen hätten.

1. Empathen neigen dazu, depressiv zu werden: Für Empathen ist es ein ständiger Kampf, die unzähligen Emotionen, die sie empfinden, zu sortieren. Zunächst müssen sie hart daran arbeiten, ihre Gefühle unter Kontrolle zu halten. Wie ich bereits erläutert habe, sind die meisten Empathen emotional intelligent und daher werden Sie sie nicht dabei beobachten, dass sie die Kontrolle über ihre Emotionen verlieren. Doch was die meisten Menschen nicht erkennen, ist, wie schwierig dies ist. Nachdem die Empathen ihre Emotionen unter Kontrolle gebracht haben, müssen sie als Nächstes feststellen, ob die Gefühle, mit denen sie zu kämpfen haben, überhaupt ihre eigenen sind. Angesichts ihrer Fähigkeit, die Emotionen anderer Menschen in sich aufzunehmen, ist es verständlich, dass sich diese Gefühle mit ihren eigenen persönlichen Meinungen und Emotionen vermischen können. Diese häufigen inneren Kämpfe können zu Depressionen führen.

2. Empathen sind typischerweise emotional erschöpft: Mit Emotionen in der Häufigkeit und Intensität umzugehen, wie es Empathen tun, ist sehr kräftezehrend. Dies führt zu einer emotionalen Erschöpfung.

3. Empathen behandeln sich selbst wie Bürger zweiter Klasse: Ich bin mir nicht sicher, ob dies mit der Depression zusammenhängt oder mit der Tatsache, dass sie sich immer am Rande der Erschöpfung befinden. Aber die meisten Empathen betreiben ihr persönliches Leben auf Sparflamme, wegen all der anderen Dinge, mit denen sie umgehen müssen. Ihr impulsives Bedürfnis, anderen Menschen zu helfen, macht es schwierig für sie, sich selbst die Priorität zu geben.

4. Empathen kämpfen mit Schuldgefühlen: Menschen zu helfen ist für Empathen ein Urinstinkt. Wenn sie mit einem emotionalen Puzzle konfrontiert werden, verspüren sie ein fast zwanghaftes Bedürfnis, die Teile zusammenzusetzen, und in einer Situation, in der ihnen das nicht gelingt, empfinden sie dies als persönlichen Verlust. Sie haben das Gefühl, die betreffende(n) Person(en) im Stich gelassen zu haben, und diese

Schuldgefühle können sehr lange an ihnen nagen. Manchmal sehen sie sich selbst in der Pflicht, dieses vermeintliche Versagen auszugleichen, indem sie sich verbiegen, um die „geschädigte" Person zufriedenzustellen und zu beschwichtigen.

5. Empathen sind emotionale Schwämme: Die Energie in einem Raum in sich aufzunehmen, mag cool klingen, bis man sich dabei ertappt, dass man mehr negative Energie aufsaugt, als ein Mensch verkraften kann. Und obwohl Empathen die Fähigkeit haben, den emotionalen Wasserhahn genauso schnell zuzudrehen, wie sie ihn aufgedreht haben, neigen sie aufgrund ihrer schuldbeladenen Natur eher dazu, sich länger als der Durchschnittsmensch mit den negativen Dingen zu beschäftigen, welche die Leute von sich geben. Mit negativen Menschen umzugehen ist eine Sache, aber einige Aspekte dieser Negativität in sich aufzunehmen, ist eine ganz andere Sache, und vor allem keine lustige. Dies bringt uns zum nächsten großen Thema.

6. Empathen neigen dazu, toxische Beziehungen einzugehen: Jede der Eigenschaften, die wir bisher betrachtet haben, bringt uns zu diesem Punkt. Wegen der großzügigen Natur des Empathen neigen diese dazu, die Art von Menschen anzuziehen, die das absichtlich ausnutzen. Und wenn sich ein Empath in einer Beziehung befindet, in der er ausgenutzt wird, werden Sie kaum beobachten, dass er freiwillig aus dieser Situation aussteigt. Einige von denen, die diese Art Beziehung erfolgreich verlassen haben, reden sich am Ende selbst Schuldgefühle ein und kehren in diese toxischen Situationen zurück.

Diese dunklen Züge, die Empathen zugeschrieben werden, bedeuten nicht grundsätzlich, dass alle Empathen so sein müssen. Mit anderen Worten: Sie müssen nicht mit der Dunkelheit leben. Es gibt jedoch bestimmte Verhaltensmuster, mit denen man sich auseinandersetzen muss, um mit der Dunkelheit umgehen zu können. Ein Empath zu sein, kann Sie anfällig für bestimmte Dinge machen, wie die Depression, über die wir gesprochen haben, aber einige Ihrer Gewohnheiten könnten Ihr Leben an den Punkt treiben, an dem alles, was Sie tun, von dieser Depression geprägt ist. In diesem nächsten Abschnitt werden wir uns einige dieser Gewohnheiten ansehen.

5 schlechte Gewohnheiten, die Empathen loslassen müssen

1. Zu allem „Ja" zu sagen: Empathen sind von Natur aus Menschen, die gerne gefallen. Das macht sie geneigt, zu allem Ja zu sagen, auch wenn dieses Ja ihnen in keiner Weise nützt. Am Arbeitsplatz kann dies dazu führen, dass Empathen in Bezug auf ihre Karriere in einen Trott geraten, da sie mehr Stunden damit verbringen, die Projekte anderer Leute zu erledigen, anstatt sich darauf zu konzentrieren, ihre eigene Karriere voranzutreiben.

2. Das Bedürfnis, alles in Ordnung zu bringen: Der Satz „Wenn es nicht kaputt ist, repariere es nicht" geht an Empathen für gewöhnlich vorbei. Ein Vogel mit gebrochenen Flügeln muss wieder gesund gepflegt werden, ein Kind mit einer traurigen Vergangenheit braucht ein wenig Licht, um diese dunkle Vergangenheit loszulassen, aber eine erwachsene Person mit tiefen Aggressionsproblemen muss selbst die Entscheidung treffen, sich zu bessern, und kein Maß an Liebe oder Fürsorge kann sie ohne ihre Zustimmung dazu bringen. Empathen müssen wissen, wann sie sich besser raushalten sollten.

3. Nicht für sich selbst einzutreten: Empathen sind keine Drückeberger. Zumindest nicht im eigentlichen Sinne. Allerdings überlassen sie anderen Menschen gerne das Wort, um deren Ansichten und Gefühlen Luft zu machen, während ihre eigenen Gefühle in der Schublade verschwinden. Dies entspringt einem guten Willen, da sie glauben, dass es der anderen Person, die sich Luft macht, helfen würde, ihre Gefühle rauszulassen. Doch wenn man sich als Empath häufig mit seinen wahren Gefühlen zurückhalten muss, wird dies zu einer Belastung. Es führt zu einer Menge unterdrückter Emotionen, und wir wissen, dass diese eine mentale tickende Zeitbombe sind.

4. Sich dazu zu entscheiden, die Zeit mit Grübeln zu verbringen: Es ist in Ordnung, hin und wieder einen Schritt zurückzutreten und sich ein paar Momente zu nehmen, um für sich selbst zu sein. Aber wenn es zu einer regelmäßigen Gewohnheit wird, kann es schädlich für Sie sein. Es ergibt durchaus Sinn, dass Sie sich nicht mit all den Emotionen beschäftigen wollen, die zum Umgang mit anderen Menschen dazugehören. Wenn Sie jedoch die meisten der hier aufgelisteten Gewohnheiten loslassen, wird es Ihnen viel leichter fallen, mit anderen umzugehen.

5. Die Dinge zu persönlich zu nehmen: Wenn Sie sensibel und wie ein Schwamm sind, der alle Emotionen aus seiner Umgebung in sich aufnimmt, kann sich alles, was um Sie herum passiert, so anfühlen, als ginge es dabei nur um Sie. Bestimmte harmlose Kommentare oder Handlungen werden vielleicht als ein gegen Sie gerichteter Rachefeldzug interpretiert. Ich würde sagen, das hat viel mit Ihrem Bedürfnis zu tun, emotionale Puzzlesteine zusammenzusetzen, deshalb scheint alles mit etwas verbunden zu sein, was dann in eine persönliche Bedeutung übersetzt wird. Aber die Wahrheit ist, dass die Dinge einfach so passieren, wie sie passieren.

Die 5 häufigsten gesundheitlichen Probleme von Empathen

Aufgrund der hochemotionalen Natur eines Empathen sind seine gesundheitlichen Probleme meist eher psychischer und mentaler als physischer Natur. Daher haben viele Dinge, die Sie in diesem Abschnitt sehen werden, mehr mit psychischen Krankheiten zu tun. Zwar könnte der Lebensstil des Empathen die gesundheitlichen Probleme, mit denen er konfrontiert wird, mehr beeinflussen als seine empathische Natur selbst. Dennoch können wir die Rolle, die seine Natur dabei spielt, nicht ignorieren.

1. Ängste: Die meisten Empathen kämpfen mit Angstzuständen. Der Grad der Angst, die sie erleiden, variiert von leicht bis schwer und im Vergleich zu anderen neigen emotionale Empathen dazu, die schwersten Fälle von Angst zu durchleben.

Physische Empathen sind eine weitere Gruppe von Empathen, deren Angstlevel durch die Decke schießt, besonders wenn sie mit Menschenmengen konfrontiert werden, aber dies geht oft in ein anderes Gebiet der psychischen Gesundheit über, wie z. B. Panikstörungen, zu denen wir gleich noch kommen werden. Ihre Fähigkeit, ihre Ängste zu überwinden oder diese zumindest zu managen, hängt weitgehend von ihrer Selbsterkenntnis darüber ab, wer sie sind.

2. Depressionen: Angesichts ihrer Neigung, mit vielen Emotionen gleichzeitig zu jonglieren, ist es nicht verwunderlich, dass Empathen von Zeit zu Zeit auch mit Depressionen zu kämpfen haben. Wenn sie nicht gerade die Emotionen anderer Menschen aufgreifen, müssen sie sich mit Schuldgefühlen, Isolation und ihrem eigenen persönlichen Drama auseinandersetzen. Es ist fast so, als ob sie keine Pause einlegen können. Zusätzlich dazu, sich über sich selbst bewusst werden zu müssen, brauchen Empathen das Gespräch mit anderen Empathen oder einem Therapeuten, der ihnen hilft, ihre Emotionen zu sortieren.

3. Hoher Blutdruck: Hoher Blutdruck ist stark mit dem Lebensstil und der Ernährung verbunden. Es ist jedoch bekannt, dass Stress und Angst (für die Empathen anfällig sind, wie wir wissen) vorübergehenden erhöhten Blutdruck verursachen. Die Wirkung von Angst auf den Blutdruck hält nicht lange an, aber wenn sie regelmäßig auftritt, kann dieser hohe Blutdruck weiter bestehen und Schäden an wichtigen Organen im Körper verursachen. Empathen sollten Entspannungstechniken erlernen, die ihnen helfen, ihren Blutdruck zu senken, wenn sie eine Angstattacke haben. Außerdem müssen sie auf die Gewohnheiten achten, die sie sich aneignen, um mit der Angst fertigzuwerden. Angewohnheiten wie das Rauchen können zusätzlich ihre Gesundheit verkomplizieren.

4. Panik-Störungen: Diese treten in der Regel auf, wenn der Stress- und Angstpegel einer Person sehr hoch ansteigt. Sie werden durch stressige Situationen hervorgerufen, für Empathen geschieht dies typischerweise, wenn sie von vielen Menschen umgeben sind und all diese Emotionen aus verschiedenen Richtungen auf sie einprasseln. Panikstörungen sind nicht unbedingt lebensbedrohlich, aber eine schreckliche Erfahrung. Bei der Behandlung von und dem Umgang mit Panikstörungen ist es wichtig, die Hilfe eines Arztes in Anspruch zu nehmen.

5. Platzangst: Jeder hat irgendeine Form von Phobie, aber es gibt Phobien, die Menschen mit bestimmten Merkmalen eigen sind. Platzangst ist eine Form der Angst, bei der eine Person sich davor fürchtet, sich in überfüllten Räumen oder an Orten aufzuhalten, wo sie das Gefühl hat, nicht entkommen zu können. Platzangst wird am besten in ihren frühen Stadien behandelt. Je länger sie unbehandelt bleibt, desto überwältigender wird sie. Sie ist nicht lebensbedrohlich im physischen Sinne, aber sie kann Sie eines erfüllten Lebens berauben. Für einen Empathen ist diese Erfahrung noch viel schlimmer.

Wie Sie gelesen haben, sind die gesundheitlichen Probleme eines Empathen in gewisser Weise miteinander verknüpft. Ihr

Lebensstil spielt eine wichtige Rolle dabei, wie gesund Sie sind. Aber ein sehr gutes Verständnis Ihrer Persönlichkeit als Empath und ein ausgeprägtes Selbstbewusstsein darüber, wie die Dinge für Sie wirklich funktionieren, kann Ihnen sehr dabei helfen, eine gute Grundlage für ein gesundes Leben zu schaffen. Wie Sie gesehen haben, ist Vorbeugung bei den meisten Beschwerden viel besser als Behandlung. Die allgemeine Annahme besagt, dass es bestimmte Situationen sind, die diese Beschwerden auslösen, und obwohl das stimmt, sind sie nicht der einzige Auslöser, den es gibt. Es gibt Menschen, die besonders für einen Empathen als „toxisch" eingestuft werden. Diese Menschen sind nicht unbedingt böse, aber ihr Verhalten, ihre Eigenarten und Persönlichkeitsmerkmale machen das Leben eines Empathen komplizierter, als es sein sollte. Lassen Sie uns also, um beim Thema Prävention zu bleiben, ein paar Persönlichkeiten betrachten, die Sie als Empath auf jeden Fall vermeiden sollten.

Im Folgenden findet sich eine Liste der Persönlichkeiten, mit denen Empathen nicht zusammen sein können.

Narzissten:

Diese Persönlichkeitstypen sind so sehr mit sich selbst beschäftigt, dass sie den Schaden, den ihre Vernachlässigung und ihr Egoismus den Empathen in ihrem Leben zufügen, nicht sehen. Ihre Handlungen mögen nicht aus Böswilligkeit geschehen, aber der sensible Empath sollte ihnen nicht täglich ausgesetzt sein. Es wird noch schlimmer, wenn die Person ein missbräuchlicher Narzisst ist.

Manipulatoren:

Dies ist eine andere Art von egoistischer Persönlichkeit, die bereit ist, alles zu tun, um die Menschen um sie herum dazu zu bringen, nach ihrem Willen zu handeln, selbst wenn dies niemandem außer ihnen selbst nützt. Manipulatoren spielen mit den Schuldgefühlen von Empathen, um sie dazu zu bringen, nach ihrer Pfeife zu tanzen. Dies schafft einen sehr schädlichen Kreislauf für den Empathen.

Missbraucher:

Niemand sollte mit Missbrauchern zusammen sein, aber das gilt insbesondere für Empathen. Die meisten Missbraucher kombinieren die Eigenschaften eines Narzissten und eines Manipulators, zusätzlich zu ihren persönlichen Unsicherheiten und ihrem ständigen Bedürfnis nach Kontrolle. Ein Empath ist eigentlich die einzige Person, die sich gut genug in einen Missbraucher hineinversetzen kann, um die Dinge überhaupt aus seiner Perspektive zu sehen und traurigerweise gut genug zu verstehen, was er durchgemacht hat, um den Missbrauch, den der Empath erleidet, zu rechtfertigen. Niemand sollte das durchmachen müssen.

Kapitel 4
Der verletzte Empath

Im ersten Kapitel habe ich über einige der falschen Vorstellungen berichtet, die in Bezug auf Empathen existieren. Eines davon war die Vorstellung, dass Empathen gebrochene Menschen sind; dass sie, um sich in die Gefühle und Erfahrungen, die viele Menschen haben, hineinversetzen zu können, den gleichen Weg gegangen sein müssen. Inzwischen wissen Sie, dass das nicht der Fall ist. Ein Empath muss keine Erfahrung aus erster Hand vorweisen können, um wirklich zu verstehen, was Sie fühlen. Durch seine Fähigkeiten kann er jedoch Ihren Schmerz aus nächster Nähe erfahren und genau wissen, wie es sich anfühlt. Das bedeutet jedoch nicht, dass es keine gebrochenen Empathen gibt. Gebrochen zu sein ist ein Teil der menschlichen Erfahrung und solange Sie ein Mensch sind, werden Sie zwangsläufig eine Phase haben, in der Sie sich gebrochen fühlen. Der Verlust von etwas Wertvollem, sei es ein Gegenstand, eine Person oder sogar Ideen, die wir haben, kann einen so starken Schmerz verursachen, dass man sich von der Last erdrückt fühlt. Das ist der Punkt, an dem ein Mensch gebrochen wird.

Es ist absolut nichts Falsches daran, gebrochen zu sein. Das Problem entsteht, wenn Sie zulassen, dass diese Erfahrung alles prägt, was Sie in Zukunft tun. Sie müssen verstehen, dass es der menschlichen Natur entspricht, zu fallen, aber es ist auch in unserer Natur, wieder aufzustehen. Nun bedeutet aufstehen nicht unbedingt, dass alles gleich wieder zum Status quo wird. Wenn man hinfällt und sich verletzt, tut das weh. Physiologisch gesehen sterben ein paar Zellen in dem Bereich ab, in dem die Verletzung aufgetreten ist. Aber wenn der Körper mit dem Heilungsprozess beginnt, werden ein paar neue Zellen geboren. Während die Heilung fortschreitet, beginnt der Schmerz zu schwinden, bis nur noch die Narbe an die Verletzung erinnert. Auf die gleiche Weise werden wir verletzt und gebrochen, wenn das Leben uns niederschlägt. Aber wenn man es zulässt, heilt die Gebrochenheit, wenn wir wieder aufstehen. Allerdings bleiben uns die Narben dieser Erfahrungen. Wenn die Erinnerungen an diese Erlebnisse nicht in den Fokus gerückt werden und die Emotionen, die zu diesem Zeitpunkt ausgelöst wurden, nicht angesprochen werden, können die emotionalen Narben, die sich entwickeln, die Lebensqualität sowie die späteren Möglichkeiten im Leben beeinträchtigen.

Eine verletzte Person trägt die emotionalen Narben aus ihrer Vergangenheit mit sich, wohin sie auch geht. Für einen verletzten Empathen ist die Erfahrung noch schlimmer. Er durchlebt diese Emotionen mit einer so hohen Intensität erneut, dass ihm die Vergangenheit so vorkommt, als wäre sie erst gestern passiert. Jeder Moment erinnert ihn an die Vergangenheit und hält ihn in der Gegenwart fest, sodass er die Freuden um ihn herum nicht wahrnimmt und nicht in der Lage ist, sich auf die Zukunft zuzubewegen, die er verdient hat. Verletzte Empathen sind seltsamerweise wie die Mimosa Pudica, auch bekannt als „Rührmichnichtan". In der Sekunde, in der man sie berührt; schließen sich ihre Blätter. Ein anderer Spitzname für das Rührmichnichtan ist übrigens „die sensible Pflanze". Ihre Reaktion auf Berührung ist genauso wie die eines verletzten Empathen. Seine emotionalen Narben sind so tief und die Wirkung ist so intensiv, dass er sich jedes Mal, wenn das Leben eine neue Erfahrung für ihn bereithält, egal ob gut oder schlecht, schnell in den „sicheren" Hafen zurückzieht, den er für sich selbst geschaffen hat. Das Traurige daran ist, dass dieser sogenannte sichere Hafen alles andere als sicher ist. Er ist wie ein Raum mit einem lebenden, atmenden Atomreaktor darin, der seine Energie aus der ihn umgebenden Dunkelheit bezieht.

Eine weitere traurige Tatsache ist, dass die meisten Empathen nicht einmal erkennen, was mit ihnen geschieht, bis sie entweder von ihrer Vergangenheit verzehrt werden (eine emotionale Atomexplosion) oder etwas den Kreislauf des Verhaltens unterbricht, der zu diesem destruktiven Weg geführt hat. Es hilft nicht, dass die Bewältigungsmechanismen für die meisten Empathen von Anfang an selbstzerstörerische Verhaltensweisen sind. Zunächst einmal ist da dieses zurückgezogene Verhalten. Es ist nichts Falsches daran, zurückgezogen zu sein, aber man treibt es auf die Spitze, wenn die Paranoia einsetzt und man beginnt, sich sogar vor seinem eigenen Schatten zu verstecken.

Die beste Lösung ist es, unserem Geist zu erlauben, zu genesen und sich von den erlittenen emotionalen Verletzungen zu erholen. Wenn eine körperliche Wunde behandelt wird, würde jeder Arzt als allererstes versuchen, die lebensbedrohlichen Symptome der Wunde zu behandeln. Bei emotionalen Verletzungen würde ich sagen, das Äquivalent dazu ist, aus seinem Schneckenhaus herauszukommen. Selbst wenn Sie in Ihrem Haus eingesperrt bleiben, ist das Mindeste, was Sie tun können, zum Telefon zu greifen, jemanden anzurufen und dann einfach zu reden. Es muss nicht um das gehen, was Sie gerade durchmachen. Schon die Tatsache, dass Sie ein Gespräch führen, wird sich wie ein Atemzug frischer Luft anfühlen, nachdem Sie sich in einem sauerstoffarmen Raum aufgehalten haben.

Der nächste Schritt besteht darin, zur Quelle der Wunde zu gehen, die im Falle eines Empathen nicht immer der Vorfall ist, von dem Sie glauben, dass er den Schmerz ursprünglich ausgelöst hat. Die Quelle ist normalerweise etwas, das man Mitleidsmüdigkeit nennt. Und genau darum wird es im Rest dieses Kapitels gehen.

Was ist Mitleidsmüdigkeit?

Sehr laienhaft ausgedrückt: Mitleidsmüdigkeit tritt auf, wenn eine Person emotional abstumpft gegenüber den Bedürfnissen, Schmerzen und Leiden anderer Menschen. Mitleidsmüdigkeit ist auch als sekundärer traumatischer Stress bekannt und wird mit Menschen in Verbindung gebracht, die so lange ständig tragischen Geschichten und Erfahrungen ausgesetzt waren, dass es den Anschein hat, als würden ihre Nervenenden einfach durchknicken und nicht mehr funktionieren. Nun sind Sie vielleicht geneigt zu denken, dass die Person, der die Mitleidsermüdung widerfährt (in diesem Fall ein Empath), sich von ihrem Ende der Skala wegbewegt und in Richtung des Bereichs tendiert, in dem die Psychopathen zu verorten sind. Dies ist jedoch nicht der Fall. Menschen, die an Mitleidsermüdung leiden, werden nicht plötzlich unempfänglich für ihre Emotionen. Tatsächlich werden sie sich ihrer Gefühle sogar noch deutlicher bewusst. Was passiert, ist, dass sie die Emotionen, die sie spüren, verinnerlichen und somit unfähig oder unmotiviert sind, nach ihnen zu handeln.

Lassen Sie mich Ihnen kurz meine Theorie zu diesem Thema darlegen. Wenn Sie mit einer Situation konfrontiert werden, in der eine Person, die Sie kennen, eine sehr tragische Erfahrung macht, sind Sie instinktiv geneigt, helfen zu wollen. Sie werden eine Lösung für diese Person finden. Selbst wenn Sie die Tragödie nicht vollständig abwenden können, wollen Sie alles tun, was in Ihrer Macht steht, um die Situation zu verbessern. Wenn Sie dies erreichen, wird das Belohnungssystem in Ihrem Gehirn ausgelöst. Sie fühlen sich sehr gut aufgrund dieser guten Tat, die Sie vollbracht haben. In diesem Moment scheint die Sonne ein wenig heller, die Welt scheint ein wenig mehr Farbe zu haben und das Leben ist im Allgemeinen fantastisch. Das erklärt vielleicht, warum manche Menschen versuchen, uns davon zu überzeugen, dass eine gute Tat mit einer besonderen Art von Belohnung verbunden ist. Das ist alles gut und schön. Nachdem Sie diese wunderbare Erfahrung, die im Grunde psychisches Feedback für Ihre gute Tat ist, durchlebt haben, sind Sie geneigt, diesen Prozess zu wiederholen. Es spielt keine Rolle, ob die Umstände die gleichen sind oder nicht, Sie wollen der nächsten Person helfen. Für Empathen kann diese Erfahrung sehr süchtig machend sein. Sie wollen immer wieder diese guten Taten vollbringen und die psychischen Nachwirkungen dessen durchleben. Es ist wie ein Rausch, nur dass es keine Droge gibt, die mit diesem Effekt mithalten kann. Aber was passiert, wenn die gute Tat, die Sie vollbracht haben, nichts bewirkt?

An dieser Stelle nimmt die Geschichte eine etwas düstere Wendung. Nehmen wir dasselbe Szenario, das wir bereits erwähnt haben, aber mit einem nicht so positiven Ausgang. Sie werden mit einer Situation konfrontiert, in der jemand, den Sie kennen, eine Art tragisches Erlebnis durchmacht. Als guter Freund, Kollege oder Ähnliches springen Sie ein, um zu helfen, denn das macht man einfach so. Nun bieten Sie diese Hilfe in der Hoffnung an, dass die Tragödie abgewendet werden kann oder zumindest die Umstände verbessert werden können, doch es passiert nichts. Oder noch schlimmer, die Dinge werden sogar noch tragischer als sie zu Anfang waren. Sie sind nun gezwungen, dieser Person dabei zuzusehen, wie sie den Schmerz und das Trauma ihrer Erfahrung durchlebt, bis dies entweder ihr Leben oder Ihre Beziehung zu der Person beendet. Als Empath würde sich der Schmerz dieser Person auf Sie auswirken, und das schlägt sich in Ihrer Psyche nieder. Diese Tatsache hält Sie nicht von dem Versuch ab, Menschen zu helfen, aber ein Teil von Ihnen wird fortan mit dem Folgenden kämpfen:

1. Ihr Versagen darin, dieser Person zu helfen

2. Ihre indirekte Erfahrung des Schmerzes dieser Person

3. Ihre Angst, einen anderen Freund oder eine Beziehung auf die gleiche Weise zu verlieren

Etwas komplizierter wird es für Empathen, die in bestimmten Berufen arbeiten, in denen sie ständig mit Tragödien konfrontiert werden. Für Empathen, die damit gelegentlich in ihrem Freundeskreis zu tun haben, geht das Fortschreiten der Mitleidsmüdigkeit langsamer vonstatten. Aber für Menschen, deren Berufe im Gesundheitsbereich liegen, wie Krankenschwestern, Pfleger, Psychologen und so weiter, besteht ein hohes Risiko, innerhalb eines kürzeren Zeitraums eine Mitleidsermüdung zu entwickeln. Menschen, die als Juristen arbeiten, sind ebenfalls anfällig dafür. Empathen in diesen Bereichen sind manchmal nicht in der Lage, ihr Arbeitsleben von ihrem Privatleben zu trennen, sodass der emotionale Burn-out auch ihre Fähigkeit beeinträchtigt, sich emotional in andere Menschen hineinzuversetzen.

Mit all dem im Hinterkopf, nähern Sie sich anderen Beziehungen vorsichtig. Nun, wir alle wissen, dass die Dinge manchmal einfach geschehen. Diese andere Beziehung weist vielleicht nicht die gleichen tragischen Elemente auf wie die vorherige, aber schon die kleinste Andeutung einer Tragödie könnte Ihre Instinkte auf Hochtouren laufen lassen. Natürlich eilen Sie herbei, um zu helfen. Diesmal sind Sie genauso besorgt um das Ergebnis Ihrer Bemühungen wie um das Wohlergehen der Person. Dadurch ist Ihre einzige psychische Belohnung die Erleichterung darüber, dass alles gut gegangen ist, selbst wenn Ihre Bemühungen tatsächlich zu einer Abwendung der Tragödie geführt haben. Der Rausch ist nicht derselbe; dieser Erfolg hebt scheinbar nur Ihr Versagen noch mehr hervor. Und das treibt Sie in einen Kreislauf, in dem Sie immer wieder versuchen, den einen Moment des Versagens wettzumachen. Wenn Ihr Versuch zu helfen scheitert, wie beim ersten Mal, werden Sie tiefer in diesen Kreislauf hineingezogen und die Angst schlägt noch tiefere Wurzeln in Ihrer Psyche. Je mehr Sie reparieren und retten, desto mehr wollen Sie tun, aber das ist nun nicht mehr von dem Hochgefühl inspiriert, von dem wir anfangs sprachen. Es geht jetzt nur noch um Wiedergutmachung. Der Stress und die Angst, die mit jedem Fall einhergehen, mit dem Sie konfrontiert werden, bringen Sie näher an die Grenze, an der es nicht mehr darum geht, Menschen zu helfen, sondern nur noch darum, den Tag zu überstehen. An diesem Punkt leiden Sie unter sekundärem traumatischen Stress.

5 Anzeichen für einen verletzten Empathen

Der Punkt, an dem ein Empath Mitleidsmüdigkeit erfährt, ist der Punkt, in dem die emotionale Verletzung, die wir zuvor besprochen haben, ihren Ursprung hat. Wie ich schon sagte, ist sie nicht auf ein Ereignis oder eine singuläre Erfahrung beschränkt, sodass Sie nicht einfach eine mentale Reise zu diesem spezifischen Punkt machen, mit den Fingern schnippen und einen Abschluss finden können. Es gestaltet sich ein wenig komplizierter. Zum Glück können Sie feststellen, ob Sie an diesem Punkt angekommen sind, auch wenn Sie nicht wissen, was Sie dorthin geführt hat. Wenn Sie sich erinnern, habe ich das Bild eines sicheren Hafens mit einem Raum verglichen, in dem sich ein aktiver Atomreaktor befindet und geschildert, wie giftig diese Umgebung für Sie sein kann. In diesem Abschnitt werden wir all diese Faktoren hervorheben, die den Zustand, in dem Sie sich befinden, gefährlich machen, und dann werden wir darüber sprechen, wie Sie diese Hürden überwinden können.

1. Ein starkes Gefühl der Hoffnungslosigkeit, das zu Losgelöstheit führt

Wenn Sie nicht in der Lage sind, ein echtes Gefühl von Optimismus für die Dinge, die Sie tun, aufzubringen, haben Sie sich vielleicht auf dieses Gefühl der Hoffnungslosigkeit eingelassen. Wenn Sie sich in einer Situation wiederfinden, die Ihre Hilfe erfordert, Sie jedoch nicht helfen, weil Sie sich sicher sind oder zumindest hoffen, dass es etwas bewirken wird, sondern weil Sie sich dazu verpflichtet fühlen, leiden Sie möglicherweise unter Mitleidsmüdigkeit. In diesem Fall hat das Bedürfnis, Ihren eigenen Erwartungen gerecht zu werden, Vorrang vor den Bedürfnissen der anderen Person. Alles, was mit der Sorge für diese Person zu tun hat, wird für Sie zu einer Routinetätigkeit. Der größte Hinweis auf dieses Phänomen wäre die Tatsache, dass Sie nicht in der Lage sind, über das Heute hinauszuschauen, weil Sie das Gefühl haben, dass es mit großer Wahrscheinlichkeit kein Morgen geben wird.

2. Apathie gegenüber den Menschen, die Ihnen wichtig sind

Das ist eine Form von Losgelöstheit, aber nicht notwendigerweise eine Abwesenheit von Fürsorge, denn als Empath sind Sie auf gewisse Weise immer fürsorglich. Aber die Erfahrungen, die Sie gemacht haben, haben Sie so weit geprägt, dass Sie gleichgültig gegenüber der gesamten Erfahrung geworden sind. Sie sind eher sachlich in der Art und Weise, wie Sie sich kümmern und helfen. Da Ihre Gleichgültigkeit keiner Bosheit oder einem bösen Willen entspringt, werden Sie immer wieder für andere da sein. Allerdings ist Ihre Gleichgültigkeit wie eine Mauer, die Sie vor der Tragödie schützt, mit welcher Sie bereits rechnen, sodass Sie, „wenn" sie eintritt, nicht so sichtbar davon betroffen sind. Wenn Sie sich dabei ertappen, so zu denken, wissen Sie, dass Sie wahrscheinlich eine Mitleidsmüdigkeit erleben.

3. Erhöhte Stresslevel

Im Angesicht einer Tragödie erleben wir emotional sehr viel. Diese Emotionen verursachen Stress. Nun unterscheiden sich Ihre abnormalen Stresslevel von dem normalen Stresslevel des Durchschnittsmenschen. Mitleidsmüdigkeit löst ein hohes Stresslevel aus, selbst in Situationen, die nur wenig Ähnlichkeit mit den Ereignissen haben, die man als den Ursprung Ihres emotionalen Traumas bezeichnen kann. Wenn Sie zusätzlich zu all den anderen hier erwähnten Symptomen feststellen, dass Sie negativ auf Stress reagieren, wie z. B. durch Atemnot, mit der Unfähigkeit, sich zu konzentrieren oder durch schwere Angstzustände und Panikattacken, dann leiden Sie an einer Mitleidsermüdung.

4. Albträume und Schlafstörungen

Albträume und eine Veränderung der Schlafroutine sind typischerweise Anzeichen für einen inneren Kampf mit einer Art von ungelöstem emotionalem Trauma. Wenn der Umgang mit dem Schmerz anderer Menschen Albträume und Schlaflosigkeit auslöst, ist es möglich, dass Sie einen emotionalen Burn-out haben. Ihr Verstand ist nicht in der Lage, mit der Situation fertigzuwerden und, noch schlimmer, er ist nicht in der Lage, mit der Tatsache fertigzuwerden, dass Sie mit der Situation nicht fertigwerden … ein klassischer Albtraum für Empathen.

5. Gefühle der Selbstverachtung

Empathen haben bereits einen Hang dazu, sich selbst Schuldgefühle einzureden. Wenn sie den Punkt der Mitleidsmüdigkeit erreichen, wandelt sich diese Schuld in Selbstverachtung, da sie ein Gefühl der Enttäuschung über ihre Unzulänglichkeiten empfinden. Das liegt daran, dass Empathen ihr Selbstwertgefühl an ihrer Fähigkeit bemessen, Hilfe zu leisten und

Dinge zu „reparieren". Wenn sie das nicht schaffen, entstehen Selbstzweifel, die sich zu Schuldgefühlen entwickeln und in Verachtung ausarten.

Wenn Sie sich alle aufgelisteten Symptome ansehen, können Sie den Verlauf des inneren Kampfes sehen, der durch die Mitleidsmüdigkeit hervorgerufen wird. Eine äußere Erfahrung wird zu einem inneren Kampf, bei dem es nur noch um den Empathen selbst geht, was ziemlich egoistisch sein kann und in starkem Widerspruch zu seiner normalerweise selbstlosen Natur steht. Der innere Kampf ist es, der ihn in dem „Raum" festhält, über den wir vorhin gesprochen haben. Es fällt ihm schwer, aus diesem mentalen Raum, den er geschaffen hat, auszubrechen, weil er sich mit der Opferrolle geschmückt hat. Irgendwie hat diese Sache, in der es eigentlich um jemand anderes ging, ihn nun zum Opfer gemacht. Im nächsten Kapitel besprechen wir das im Detail.

Vorsicht! Der Opferkomplex

Selbstmitleid ist eine normale Erfahrung, die jeder macht. Wir haben Momente, in denen wir in dieses „Ich-bin-ja-so-schlecht"-Loch fallen, aber solange Sie nicht länger als nötig daran festhalten, brauchen Sie sich keine Sorgen zu machen. Der Opferkomplex hingegen meint die Entscheidung, sich auf ein Bett des Elends zu legen, sich mit seinen Fehlern oder der Liste von allem, was schiefgelaufen ist, zuzudecken und einfach darin liegen zu bleiben. Für einen Empathen kann ein Fall von Mitleidsmüdigkeit in eine voll ausgeprägte Opferkomplex-Erfahrung münden. Bei einem Opferkomplex schiebt die betroffene Person für gewöhnlich die Verantwortung auf alles und jeden, nur nicht auf sich selbst. Aber im Fall des Empathen nehmen diese die ganze Schuld für alles auf sich und dann dreht sich alles irgendwie nur noch um sie. Ich weiß, dass dies ein wenig verwirrend erscheint, aber lassen Sie es mich trotzdem erklären.

Beim Opferkomplex des Empathen geht es nicht darum, dass er sich selbst zum Star der Show macht, indem er jegliche Schuld oder Verantwortung, die ihm zugewiesen wurde, abtritt. Er trägt die „Ich-bin-so-traurig"-Krone nicht, um andere Menschen dazu zu bringen, Mitleid mit ihm zu haben. Vielmehr würde er es hassen, diese Person zu sein, weil die Wahrscheinlichkeit sehr groß ist, dass er regelmäßig selbst mit solchen Menschen zu tun hat. Der Opferkomplex bei Empathen entsteht, wenn diese ihr Versagen verinnerlichen, den Schmerz, den sie im Äußeren aufgesogen haben, speichern und ihn dann im Inneren mehr oder weniger vergöttern. Die meisten verletzten Empathen haben einen Opferkomplex. Sie verfügen nicht über die nötige Widerstandskraft, um mit ihren persönlichen Misserfolgen umzugehen. Lassen Sie mich hier ein wenig abschweifen. Ein persönliches Versagen ist für einen Empathen mehr als nur die Unfähigkeit, ein Projekt erfolgreich abzuschließen. Mit dieser Art von Misserfolg können sie umgehen. Aber wenn sie nicht in der Lage sind, ihre eigenen Projekte in Ordnung zu bringen, sickert diese Art von Versagen tief in ihren Verstand ein und sie nehmen es persönlich. Sie können so sehr darauf fixiert sein, dass sie doppelt so hart daran arbeiten, sich mit anderen Projekten „reinzuwaschen".

Neben dem erhöhten Risiko des Scheiterns, das mit der Übernahme weiterer Projekte verbunden ist, gibt es das Problem, dass der anfängliche Misserfolg nicht aufgearbeitet wird. Infolgedessen ruft jedes Projekt, das übernommen wird, nur ein Echo des Scheiterns hervor und je länger die Empathen sich damit beschäftigen, desto intensiver wird die Situation. Die Intensität der erlebten Gefühle führt zu einem emotionalen Burn-out, den wir jetzt als Mitleidsmüdigkeit identifiziert haben, und damit sind wir am aktuellen Punkt angekommen. Ein Opferkomplex klingt nach etwas Harmlosem, aber jetzt kommt der Teil, von dem ich mir ziemlich sicher bin, dass Sie ihn nicht kannten. Der Opferkomplex ist das Element, das die Räder in diesem selbstzerstörerischen Kreislauf in Gang hält. Es ist der Riegel, der Sie in diesem „sicheren" Raum eingesperrt hält, der Sie davon abhält, Ihr Leben zu leben. Ich habe von einer alten religiösen Gruppe gelesen, bei der Gläubige bzw. Praktizierende körperlich gezüchtigt wurden, wenn sie einen Fehler machten. Diese Züchtigungen waren so schrecklich, dass sie monatelang unter körperlichen Schmerzen litten. Die Narben, die sie davontrugen, erzählten Geschichten von Schrecken und Traumata, die so entsetzlich waren, dass man meinen könnte, sie hätten in Sklavenlagern oder einer Art Folterkammer gedient. Die Realität war, dass sie sich alle diese Verletzungen selbst zugefügt hatten.

Das Bedürfnis, sich selbst für scheinbare Misserfolge büßen zu lassen, indem Sie sich in diesen „sicheren" Hafen einschließen, ist das emotionale Äquivalent zu den selbst zugefügten Verletzungen der Gläubigen. Erobern Sie sich heute Ihre Freiheit zurück, indem Sie lernen, Ihre Selbstfürsorge genauso zu priorisieren, wie Sie die Fürsorge für andere Menschen wertschätzen. Am wichtigsten ist, dass Sie aufhören müssen, Menschen als Projekte zu betrachten, die Sie in Ordnung bringen müssen. Ich habe das schon einmal erwähnt, und später im Buch werden wir das ausführlich besprechen. Nutzen Sie heute die Gelegenheit dazu, Ihre eigene Wichtigkeit anzuerkennen und sich selbst entsprechend zu behandeln. Davon abgesehen, möchte ich, dass wir uns ein weiteres selbstzerstörerisches Verhalten ansehen, welches das Leben eines Empathen ruinieren kann.

Die Wahrheit über Empathen und Sucht

Der emotionale Aufruhr sowie die intrinsische Natur des Empathen machen ihn zu einem perfekten Kandidaten für eine Sucht. Sein Bedürfnis, regelmäßig den eigenen Grübeleien zu entfliehen, macht ihn offen dafür, Bewältigungsmechanismen auszuprobieren, die ihm dies ermöglichen. Die Tatsache, dass dieser emotionale Aufruhr ein andauernder Kampf ist, bedeutet, dass er eher dazu neigt, diesen Bewältigungsmechanismus weiterhin zu nutzen, besonders wenn er erfolgreich die vorübergehende Lösung bietet, die der Empath braucht. Wenn man etwas so lange ausprobiert, wird es zur Routine. Mit der Zeit wird aus einer Routine eine Gewohnheit und durch Gewohnheiten, besonders schlechte Gewohnheiten, wird man süchtig. Ein Bewältigungsmechanismus kann alles sein, vom Drogenkonsum über Frustessen bis zum Anschauen von Pornos. Und die Sache mit diesen Dingen, die ich erwähnt habe, ist, dass man es nie wirklich als Problem sieht, bis es zu spät ist.

Für mich war das Essen mein Laster. Es fing ganz harmlos an. Ich kam von der Arbeit nach Hause, müde und erschöpft. Doch egal wie erschöpft ich war, der Schlaf war etwas, das sich mir entzog. Also stieg ich aus dem Bett, machte mir in der Küche etwas Süßes und setzte mich dann auf die Couch, um mir diese schrecklichen Fernsehsendungen anzusehen. In diesen Momenten war ich völlig ruhig, sehr entspannt und dachte ganz sicher nicht an den schrecklichen Tag, den ich auf der Arbeit hatte. Nach einiger Zeit beschloss ich, meine Couch-Mahlzeit zu etwas „Luxuriöserem" aufzuwerten. Auf dem Heimweg hielt ich an der Konditorei an und holte mir eine Auswahl an süßen Leckereien und wiederholte dann meine Routine vor dem Fernseher. Ein paar Monate später fühlte sich die Couch nicht mehr bequem genug an, also besorgte ich mir einen größeren Bildschirm und verlagerte die Show in mein Schlafzimmer. Fast ein Jahr lang verbrachte ich meine Nächte damit, Junkfood im Bett zu essen und dabei Junk-TV zu schauen. Wie Sie sich denken können, machte sich das an meiner Taille bemerkbar. Meine alten Klamotten passten mir nicht mehr und ich fühlte mich immer unsicherer in Bezug auf mein Aussehen.

Ich hatte Freunde, die zu höflich waren, um auf die körperlichen Veränderungen hinzuweisen, aber mir war bewusst, wie sie mich ansahen. Dann hatte ich „Freunde", die keine Probleme damit hatten, mir genau zu sagen, wie sie sich fühlten. Ihre Worte führten dazu, dass es mir noch schrecklicher ging, und wenn ich mich wirklich schlecht fühlte, bedeutete das, dass ich viel mehr Geld in der Konditorei ließ. Mein Tiefpunkt, der sich auch als Wendepunkt herausstellte, war an diesem Tag, als ich auf dem Weg nach Hause diesen wirklich leckeren Donut aß (es war schon so weit gekommen, dass ich es mit dem Essen nicht mehr erwarten konnte, nach Hause zu kommen). Der Donut rutschte mir aus der Hand und fiel auf den Boden. Es war wahrscheinlich gegen 19 Uhr und es waren nicht so viele Leute auf der Straße. Ich weiß das, weil ich mich umgeschaut habe und dann das Undenkbare getan habe. Ich bückte mich und hob meinen heruntergefallenen Donut vom Bürgersteig auf. Ich blies darauf und aß ihn, während ich mich immer noch bückte, mit einem Knie auf dem Boden. In diesem Moment sah ich mein Spiegelbild in einer der Schaufensterfronten und mir gefiel die Person nicht, die zurückstarrte. Um es kurz zu machen, ich weinte, als ich nach Hause kam, und das war der Beginn meiner Reise zu diesem Punkt, an dem ich aus meiner Geschichte ein Buch mache. Heute habe ich immer noch eine Sucht, aber ich habe mich bewusst darum bemüht, dass es eine gesunde Sucht ist. Ich habe eine Gewohnheit für jede Stimmung. Wenn ich wütend bin, male ich. Wenn ich ein bisschen traurig bin, gehe ich auf das Laufband oder ziehe meine Boxhandschuhe an und komme ins Schwitzen. Wenn ich ängstlich bin, schreibe ich.

Sie werden selbst herausfinden müssen, was für Sie funktioniert, aber es beginnt mit dem Eingeständnis, dass diese scheinbar harmlose Angewohnheit, der Sie sich verschrieben haben, vielleicht nicht ganz gesund für Sie ist. Die Leute denken, dass Drogen die einzige schädliche Sucht sind. Ich habe von Empathen gelesen, die so süchtig nach dem Elend sind, mit dem sie konfrontiert sind, dass sie bereitwillig jede Chance, glücklich zu werden, sabotieren würden. Es ist traurig, das mit anzusehen, aber es entspricht der Realität. Wenn Sie diese Fluten von Emotionen erleben, welche Dinge tun Sie, um damit fertigzuwerden? Bringen diese Dinge einen Mehrwert für Sie, da Sie sich dadurch besser fühlen, oder nehmen sie Ihnen im Austausch dafür etwas Wertvolles weg? Sucht ist für Empathen ein ernsthaftes Problem und muss ernst genommen werden, sonst machen Sie sich die Dinge am Ende nur schwerer. Heute geht es darum, Sie aus dem Gefühl der falschen Sicherheit herauszuholen, das Sie für sich selbst geschaffen haben. Dieses Buch ist ein Leitfaden darüber, wie Sie als Empath in der Welt überleben können. Dazu müssen Sie aus Ihrer Isolation heraustreten und sich in die reale Welt begeben, denn Sie werden sie nicht nur überleben, sondern in ihr gedeihen.

Kapitel 5
Die Gefahren für Empathen

Im vorigen Kapitel haben wir einige der Gefahren erforscht, die damit verbunden sind, ein Empath zu sein. In diesem Kapitel werden wir uns mit der dunklen Seite der Dinge beschäftigen. Bisher wurden Empathen als Wesen betrachtet, die im Besitz übernatürlicher Kräfte sind. Das ist cool und ich wünschte ehrlich gesagt, dass es tatsächlich so wäre, aber es gibt einen Preis, den Empathen zahlen müssen, und damit sind nicht nur die emotionalen Kämpfe gemeint, die sie austragen. Wegen der komplizierten Natur des Empathen neigt er dazu, eine bestimmte Art von Menschen anzuziehen. Wir haben über das Bedürfnis des Empathen gesprochen, Menschen zu heilen. Wann immer sie Menschen mit emotionalen Kämpfen und psychischem Schmerz begegnen, ist der erste Instinkt, helfen zu wollen, aber wir vergessen dabei, dass nicht alle Menschen, die zu uns kommen, Hilfe wollen. Manche Menschen sind programmiert, genauer gesagt, emotional so programmiert, dass sie die Hilfe, die wir anbieten, ausnutzen wollen, und hier beginnt das Problem.

Der Wunsch des Empathen, zu helfen, zieht eine bestimmte Art von Menschen an, und meistens fallen diese Menschen in die Kategorie derer, die ein psychisches Bedürfnis haben, andere auszunutzen. Manchmal fangen diese Beziehungen mit guten Absichten an. Aber mit der Zeit übernimmt ihre räuberische Natur schnell die Oberhand und sie zerstören den Empathen schließlich von innen heraus. Dies ist die Gefahr, der alle Empathen ausgesetzt sind. Im vorherigen Kapitel habe ich über bestimmte Arten von Menschen gesprochen, die Empathen meiden sollten, und einer dieser Menschen ist der Narzisst. Der Narzisst ist eine besondere Art von Individuum und seine Eigenschaften als solches gehen über eine reine Selbstliebe hinaus. Er ist bekannt für seine Fähigkeiten darin, Menschen meisterhaft zu manipulieren, damit sie nach seiner Pfeife tanzen, und die Natur des Empathen macht diesen anfälliger für die Manipulationen eines Narzissten.

Wie Sie einen Narzissten erkennen

Aus der alten Literatur wissen wir, dass ein Narzisst jemand ist, der eitel ist; eine Person, die besessen ist von ihrem körperlichen Aussehen und davon, wie sie sich der Welt präsentiert. In der Psychologie geht es noch viel tiefer, dort nehmen Narzissten eine ganz andere Form an. Eine ihrer unsympathischen Eigenschaften ist die Tatsache, dass sie dazu neigen, sich selbst zu verherrlichen, aber jemand, der nicht sehr aufmerksam ist, würde dieses Attribut nicht auf Anhieb erkennen. Ihre Opfermentalität bietet eine großartige Maske für ihre wahre Persönlichkeit. Doch noch wichtiger ist, dass es ihnen gelingt, perfekt mit dem Rest der Gesellschaft zu verschmelzen, was es etwas schwierig macht, sie zu identifizieren. Manche Narzissten sind in ihren Beziehungen schlichtweg harmlos. Narzissten, die in diese Kategorie fallen, sind Menschen, die sich ihrer selbst bewusst sind und an ihren negativen Seiten gearbeitet haben. Aber dann gibt es noch ganz andere Narzissten, die als Gefährten schrecklich sind, weil ihr Gefühl der Selbstherrlichkeit so groß ist, dass sie bereit sind, die Gefühle und Emotionen anderer Menschen zu kompromittieren, nur um ihre eigenen Bedürfnisse zu befriedigen. Narzissten sind egoistisch, selbstherrlich und selbstgerecht, aber ironischerweise sind sie die Menschen mit dem geringsten Selbstbewusstsein.

Basierend auf der Beschreibung, die ich gegeben habe, bin ich sicher, dass Sie verstehen können, warum Narzissten Menschen sind, mit denen umzugehen sehr schwierig sein kann, sogar für diejenigen, die keine Empathen sind. Wenn Sie jedoch in der Lage sind, sie zu verstehen, bekommen Sie ein besseres Gefühl dafür, wie Sie mit ihnen in Beziehung treten können, besonders wenn Sie ein Empath sind. Laut Psychologen gibt es verschiedene Typen von Narzissten. Da wäre der grandiose Narzisst. Diese Leute sind im Grunde Menschen mit einem riesigen Ego. Um mit ihnen umzugehen, müssen Sie ihnen viel Aufmerksamkeit in Form von Lob anbieten. Das befördert ihr Ego und macht sie in Beziehungen viel leichter handhabbar. Dann gibt es die verletzlichen Narzissten. Man kann sie an ihrer Opfermentalität erkennen, die sie wie ein Abzeichen zu tragen scheinen. Alles, was im Leben passiert, scheint sich um sie zu drehen. Es könnte irgendwo in China regnen und Überschwemmungen in einigen Dörfern verursachen, aber der verletzliche Narzisst, der ein paar Kontinente entfernt lebt, würde einen Weg finden, dieses Ereignis auf sich zu beziehen. Er hat eine sehr starke Neigung, sich über alles und jeden zu beschweren. Um eine Beziehung mit ihm zu führen, muss man ihm Aufmerksamkeit in Form von emotionaler Unterstützung geben. Und dann wären da noch die bösartigen Narzissten. Vor diesen Typen müssen Sie sich in Acht nehmen. Die beiden anderen, bereits erwähnten Typen von Narzissten können emotional anstrengend sein, aber solange Sie ihnen das geben können, was sie in Bezug auf ihre emotionalen Bedürfnisse brauchen, werden sie Ihnen nicht schaden. Bösartige Narzissten hingegen zeigen einen Mangel an Empathie auf einem solch hohen Niveau, dass Psychologen sie mit Psychopathen vergleichen.

Um den bösartigen Narzissten in Ihrem Leben zu identifizieren, müssten Sie sehr aufmerksam sein. Wie ich bereits sagte, gelingt es dem Narzissten, in der Gesellschaft nicht aufzufallen. Es gibt also nicht wirklich Faktoren, die ihn aus der Masse herausstechen lassen. Tatsächlich glauben Psychologen, dass Narzissten meistens glücklicher sind als andere Menschen, denen irgendeine Form von psychischer Störung diagnostiziert wurde. Um den Überblick zu behalten, habe ich eine Liste zusammengestellt, die Ihnen helfen wird, einen Narzissten zu identifizieren, speziell den bösartigen Narzissten. Diese Liste basiert auf bestimmten Merkmalen. Seien Sie jedoch gewarnt, dass Sie einen klinischen Psychologen brauchen, um einen bösartigen Narzissten genau zu diagnostizieren. Aber bis das passiert, finden Sie hier **7 Warnsignale**, die Sie bei jeder Person, die mehr als eines dieser Merkmale aufweist, misstrauisch machen sollten.

1. Sie neigen stark dazu, sich selbst zu verherrlichen

2. Sie sind sehr besessen von ihrer Vorstellung dessen, was sie für ideal halten (die ideale Frau, der ideale Freund, die ideale Liebe, die ideale Beziehung)

3. Sie haben ein sehr starkes Anspruchsdenken

4. Sie haben eine unrealistische Erwartung an die Dinge im Allgemeinen

5. Sie neigen dazu, andere Menschen zu benutzen, um zu bekommen, was sie wollen

6. Sie sind sehr manipulativ

7. Es fehlt ihnen an Einfühlungsvermögen und sie zeigen eine mangelnde Bereitschaft, die Bedürfnisse und Gefühle anderer Menschen anzuerkennen

Ein allgemeines Sprichwort besagt, dass sich Gegensätze anziehen. Vielleicht ist dies die Grundlage der Beziehung zwischen Narzissten und Empathen, denn oberflächlich betrachtet, ist es schwer zu bestimmen, warum jemand, der so sensibel und großzügig ist wie ein Empath, sich in jemanden verlieben sollte, der so kalt und berechnend ist wie ein Narzisst. Aber wenn man die Dynamik der Beziehung erforscht, ergibt es durchaus Sinn, warum diese zwei Gegensätze sich zueinander hingezogen fühlen sollten. Allerdings kann diese Beziehung nur in einer Katastrophe münden. Um besser zu verstehen, warum dies immer wieder geschieht, halte ich es für wichtig, sich anzusehen, warum diese beiden Menschen sich füreinander entscheiden würden, und um das festzustellen, müssen wir uns ansehen, wovon jede Persönlichkeit in dieser Beziehung profitieren würde.

Warum sich Narzissten zu Empathen hingezogen fühlen

Wenn Sie sich die Charakterzüge eines Narzissten ansehen, werden Sie feststellen, dass für ihn jede Beziehung, die er eingeht, ein einseitiges Geschäft ist, das darauf ausgelegt ist, nur eine Partei zu begünstigen. Sie können erraten, welche diese Partei ist. Ein typischer bösartiger Narzisst ist sehr berechnend und lässt sich nie auf etwas ein, ohne einen Plan zu haben, wie es sich ausnutzen lässt. Von Anfang an ist er in der Lage, instinktiv Menschen zu erkennen, die es ihm schwer machen würden, seine Ziele zu erreichen. Er hasst Menschen, die er nicht manipulieren kann, und am Arbeitsplatz oder in Situationen, in denen er mit anderen Menschen zusammenarbeiten muss, werden Sie feststellen, dass der Narzisst mit dieser Art von Menschen auf Kriegsfuß steht. Um zu sehen, wozu sich ein Narzisst hingezogen fühlt, lassen Sie uns einen Blick darauf werfen, wie Beziehungen mit einem Narzissten funktionieren.

Wenn ein Narzisst jemanden mag, wird er seinen Charme auf denjenigen ausüben und für einen kurzen Moment wird diese Person das Gefühl haben, dass sie der wunderbarste Mensch auf der Welt ist. Zu diesem Zeitpunkt wird der Narzisst die Person sanft zurückdrängen, um ein Gefühl für ihr Widerstandsniveau zu bekommen. Je schwächer sie ist, desto mehr wird er verlangen. In dieser Phase wird er weiterhin seine charmante Fassade aufrechterhalten. Und dann, wenn er an einen Punkt gelangt, an dem er sich absolut sicher ist, dass diese Person von ihm begeistert ist, werden sich seine sadistische Natur und seine wahren Absichten langsam manifestieren. Das charmante Äußere, das er präsentiert hat, wird entweder komplett verschwinden oder als eine Art kranke Belohnung für ein Verhalten, das er für gut befindet, verwendet werden. Dieses Beziehungsmuster spielt sich so lange ab, bis es der Narzisst entweder müde wird oder die Empathen aus dem Bann erwachen, der über sie gelegt wurde. In einigen Fällen endet es in einer Tragödie. Schauen wir uns also die Eigenschaften an, die für Narzissten wie ein Magnet wirken.

Ein Narzisst wird von jemandem angezogen, der:

- emotional und körperlich sehr großzügig ist

- die Neigung hat, die Bedürfnisse anderer Menschen über die eigenen zu stellen

- sich nicht gegen Menschen durchsetzt, die ihm wichtig sind

- nicht asozial, aber aufgrund seiner Schüchternheit auch nicht sehr sozial ist

- einen sehr starken Sinn für Loyalität hat
- emotional empfindlich und etwas zerbrechlich ist
- sich leicht dazu bewegen lässt, auf die emotionalen Bedürfnisse anderer einzugehen

Wie Sie sicher bemerkt haben, sind dies alles Eigenschaften von Empathen.

Warum Empathen sich zu Narzissten hingezogen fühlen

Warum mögen brave Mädchen böse Jungs und warum verlieben sich die braven Jungs in wirklich böse Mädchen? Das ist die Frage, die mir in den Sinn kommt, wenn ich an Empathen denke, die mit Narzissten ausgehen. Aber nachdem ich selbst in einer solchen Beziehung war, verstehe ich, warum ich mit dieser Person ausgegangen bin. Empathen sind ‚Wiedergutmacher‘ und wir fühlen uns von Natur aus zu Menschen hingezogen, von denen wir glauben, dass wir sie reparieren können. Der Narzisst mag seinen Charme bis ins Maximale steigern, aber ich glaube, dass ein Empath in gewisser Weise immer den Schaden spüren kann, der sich unter dem Charme versteckt. Und es ist dieser Schaden, der uns anlockt. Wir überzeugen uns selbst davon, dass wir diese besondere Person sein werden, die den anderen in Ordnung bringt und ihn wieder so gut wie neu macht. Jede einzelne Geste, die uns gegenüber gut und richtig ist, zementiert oder bestätigt diese Illusion, die wir geschaffen haben, und jeder Kampf wird als eines der Dinge interpretiert, die wir tolerieren müssen, bis wir unsere Ziele erreicht haben. Wenn wir lange genug in dieser Illusion verweilen, verschwimmen die Grenzen zwischen Realität und Fiktion und diese Illusion wird zu einer lebendigen, atmenden Wirklichkeit.

Der hauptsächliche Reiz bei all dem muss für einen Empathen die schadhafte Persönlichkeit sein, die wir spüren. Und als Nächstes käme dann unser Bedürfnis, uns selbst zu bestrafen, wenn wir bei unseren menschlichen Projekten versagen. Nur dass in dieser Situation die Person, die die Bestrafung vornimmt, der Narzisst in unserem Leben ist. Ich denke, das letzte Teil in diesem Puzzle wäre die Tatsache, dass Empathen sich von Emotionen nähren und das Ego eines Narzissten sich wiederum von Menschen nährt, die sich von ihren Emotionen nähren. Dies scheint eine höchst ungesunde symbiotische Beziehung zu sein, da eine Partei mit Nährendem gefüttert wird, während die andere Partei Gifte bekommt.

Als Empath, der dies liest, bin ich sicher, dass Sie in Ihrer früheren oder aktuellen Beziehung ein ähnliches Verhaltensmuster erkannt haben. Für diejenigen, deren frühere Beziehung dieses Muster zeigte: Seien Sie dankbar, dass Sie noch mal davongekommen sind. Wenn Sie mit einem Psychologen sprechen müssen, der Ihnen hilft, sich von den Schäden dieser Beziehung zu erholen (und es wird Schäden geben), zögern Sie nicht, jemanden anzusprechen. Schließen Sie damit ab, finden Sie wieder zu sich selbst und lassen Sie die Vergangenheit los.

Wenn es sich um Ihre aktuelle Beziehung handelt, könnte es für Sie an der Zeit sein, diese zu beenden. Dies ist keine gesunde Situation für Sie. Wenn Sie noch nicht von Ihren Freunden und Ihrer Familie, denen Sie vertrauen, entfremdet sind (dies ist ein klassischer Zug des Narzissten), müssen Sie sich an jemanden wenden und um ein Einschreiten bitten. Nehmen Sie sich zumindest eine vorübergehende Auszeit von dieser Person. Erwarten Sie nicht, dass dies ohne eine negative Reaktion des Narzissten geschieht, denn sein Ego wird verletzt sein und er wird es wieder rehabilitieren wollen.

5 Anzeichen eines emotionalen Vampirs

Wenn Sie als Außenstehender die Beziehungsdynamik zwischen einem Empathen und einem Narzissten beobachten, ist es nicht schwer zu erkennen, woher die Verletzung kommt und wohin sie führt. Narzissten sind emotional auszehrend und dennoch bleibt der Empath in dieser Beziehung. Als Beobachter meiner eigenen vergangenen Beziehungen kann ich den genauen Moment bestimmen, in dem ich merkte, dass die Dinge schrecklich schiefliefen. Egal, wie gut sich ein Narzisst präsentiert, es gibt Anzeichen, sogar von Anfang an. Man muss nur unvoreingenommen sein und alle Illusionen loslassen, die man vielleicht hat. Dies ist der schwierigste Teil, aber wir werden im nächsten Abschnitt darüber sprechen. Fürs Erste wollen wir uns die Anzeichen ansehen, die Ihnen sofort mitteilen können, dass die Beziehung, in der Sie sich befinden, Sie von innen heraus zerstört.

1. Sie sind Einzelkämpfer

Zunächst einmal wünschen Sie sich die Weiterentwicklung der Person mehr, als sie es selbst tut. Ein allgemeines Sprichwort besagt, man kann die Pferde zur Tränke führen, aber saufen müssen sie selbst. Individuelles Wachstum ist etwas, das wir uns für uns selbst wünschen müssen. Nun, ich verstehe, dass wir als Empath Seiten einer Person sehen können, die nicht viele Menschen sehen, weil wir nach innen und nicht nach außen schauen. Das Problem ist, dass die Person, die wir im Inneren sehen, wirklich zu solch einer werden könnte, doch wir sehen das als Realität an und verpflichten uns dieser Illusion. Wenn derjenige nicht sehen kann, was Sie sehen, können Sie nichts tun, um die Dinge zu ändern. Erkennen Sie dies.

2. Alles in Ihrer Beziehung scheint sich um den anderen zu drehen

Eine Beziehung ist eine Straße, die in beide Richtungen führt. Solange zwei Menschen involviert sind, ist es wichtig, dass die Bedürfnisse, Meinungen und Gefühle der beteiligten Parteien gleichermaßen anerkannt und beachtet werden. Alles andere würde bedeuten, dass eine Partei profitiert und die andere Partei nur leidet. Empathen haben die Neigung, sich in das Leiden zu stürzen, das in der Regel selbst verschuldet ist. Das ist für einen allein schwierig genug, um nicht zu sagen ungesund. Aber wenn Sie in einer Beziehung sind und Sie machen dies durch, stehen die Chancen gut, dass Sie einen emotionalen Vampir in Ihrem Leben haben, der alles, was Sie haben, aus Ihnen herauspresst. Es könnte an der Zeit sein, diese Beziehung zu verlassen.

3. Derjenige hat ein allgemeines Anspruchsdenken

Nur weil Sie mit jemandem in einer Beziehung sind, heißt das nicht, dass Sie ihm etwas schuldig sind. Menschen kommen aus Gründen zusammen, die für beide Seiten vorteilhaft sind, aber es sollte kein Anspruchsdenken auf die Erfüllung dieser Gründe geben. Sie sind eine eigenständige Person. Was Sie mit Ihrer Zeit tun und wie Sie es tun, ist einzig Ihre Sache. Wenn jemand versucht, Ihnen seine Bedürfnisse aufzudrängen, ist das ein Warnsignal.

4. Die Arroganz der Person, mit der Sie zu tun haben, grenzt an ein Machtspiel

Manche Menschen sind generell arrogant. Wir alle haben unseren Stolz und unser Ego. Aber wenn eine Person in ihrem Verhalten Ihnen gegenüber herablassend wird, wird es ungesund. Sie verdienen es, als Person respektiert zu werden, und eine Beziehung, in der es keinen Respekt gibt, außer wenn es um die Meinungen und Gedanken des anderen geht, verwandelt sich von einer liebevollen Verbindung in eine Situation, in der es nur noch Sklaven und Gebieter gibt.

5. Ihr soziales Leben wird von der anderen Person kontrolliert

Als Empathen haben wir unsere Phasen der Isolation. Allerdings sind wir nicht freiwillig introvertiert. Wir haben immer einen Kreis von Freunden oder Familie oder Menschen, denen wir im Allgemeinen verbunden sind. Der Narzisst in unserem Leben wird hart daran arbeiten, sicherzustellen, dass wir uns von diesen Menschen, die uns wichtig sind, entfremden. Dies wird den Empathen, der von seinem sozialen Netzwerk isoliert ist, empfänglicher für seine Manipulationen machen. So wird der Narzisst auch das Gefühl erlangen, dass es weniger Störungen gibt.

5 Wege, um sich vor Energievampiren zu schützen

Meiner Erfahrung nach ist das schwierigste Wort für einen Empathen, das zufälligerweise auch das magische Wort ist, um das Leben für ihn wesentlich besser zu machen, das Wort „Nein". Abgesehen von der Fähigkeit, **Nein zu Menschen zu sagen**: Wenn Sie die Anzeichen erkennen, die ich oben aufgelistet habe, dann bringen Sie sich selbst auf den richtigen Weg, um zu verhindern, dass Sie in toxische Beziehungen geraten. Da Sie nun eine missbräuchliche Beziehung erkennen können, folgen hier weitere Dinge, die Sie tun können, um sich zu schützen:

1. Informieren Sie sich über die Konzepte einer idealen Beziehung

Empathen neigen zu Grübeleien, wenn es um Beziehungen geht. Wie der Narzisst projizieren sie ihre eigene Wahrnehmung einer Beziehung. Leider basiert diese oft auf ihren persönlichen Erfahrungen mit Menschen. Das kann falsch sein, denn meistens neigen ihre Beziehungen zu anderen Menschen dazu, diese parasitäre Komponente zu enthalten, bei der eine Person sich von der anderen Person nährt. Gesunde Beziehungen funktionieren nicht auf diese Weise. Heute möchte ich Sie dringend bitten, sich über Beziehungen zu informieren; gehen Sie ins Internet, lesen Sie Bücher und achten Sie auf die gesunden Paare in Ihrem Leben. Lassen Sie sich von den Dingen, die Sie dabei entdecken, leiten, um zu begreifen, wie eine gesunde und normale Beziehung aussieht.

2. Ignorieren Sie nicht Ihre Instinkte

Eine der wunderbaren Gaben, die wir als Empathen haben, ist die Fähigkeit, Menschen genau zu verstehen. Wenn jedoch unsere Emotionen im Spiel sind, übersehen wir die Informationen, die unsere Instinkte versuchen, uns zu vermitteln. Wir ignorieren unser Bauchgefühl und konzentrieren uns stattdessen auf die Illusionen, die wir um die Beziehung herum aufgebaut haben. Und wenn das passiert, entscheiden wir uns immer noch dafür, zu bleiben, selbst wenn wir die Warnsignale sehen, die uns auf die Schädlichkeit der Beziehung hinweisen.

Eines der vielen wichtigen Dinge, die Sie lernen werden, wenn Sie dieses Buch zu Ende lesen, ist, dass Ihr Instinkt als Empath mächtig ist und dass er auch eine der führenden Kräfte in Ihrem Leben ist. Von nun an müssen Sie lernen, auf das zu achten, was Ihnen die innere Stimme sagt.

3. Hören Sie auf, Menschen als Projekte zu behandeln, die repariert werden müssen

Wenn wir uns auf eine Beziehung einlassen, betrachten wir eine Person als eine Aufgabe, die uns einige mentale Punkte einbringt, wenn es uns gelingt, sie zu lösen. Wenn eine Person zu einem Projekt wird, sehen wir das menschliche Element nicht mehr, und oft ist dieses menschliche Element die Fähigkeit, emotional abzuschalten. Diese Art von Mentalität bringt uns oft in Schwierigkeiten, denn wenn Sie aufhören, eine Person wirklich als Person zu sehen, werden Sie blind gegenüber deren Potenzial, Sie zu verletzen. Sie verfangen sich in dem Bild, das Sie in Ihrem Kopf erschaffen haben. Ihre Schwäche ist Ihre tödliche Anziehung zu Menschen, die beschädigt und emotional instabil sind. Erkennen Sie dies und bemühen Sie sich, es so bald wie möglich zu korrigieren.

4. Lernen Sie eine Person kennen, bevor Sie mit ihr eine Beziehung eingehen

Viele Fehler können vermieden werden, wenn Sie sich die Zeit nehmen, die Person kennenzulernen, an die Sie sich binden wollen. Sie mag anfangs ein falsches Äußeres präsentieren, aber mit der Zeit, die Sie absichtlich geschaffen haben, um sich kennenzulernen, können Sie erfolgreich diese Schichten enttarnen und die Person so sehen, wie sie wirklich ist. Dies ist eine goldene Regel für jede Art von Beziehung, aber sie ist besonders wichtig für Empathen.

5. Bringen Sie sich bei, das Beste zu wollen

Die meisten Empathen haben das Gefühl, dass es selbstgefällig ist, gute Dinge zu wollen oder zu begehren, und das ist verständlich, da es gegen ihre Natur geht, die jeden anderen über sie selbst stellt. Aber wenn Sie toxische Beziehungen vermeiden wollen, ist es wichtig, dass Sie nicht nur in der Lage sind, gute Dinge und gute Menschen zu erkennen. Sie sollten auch in der Lage sein, diese guten Dinge für sich selbst zu wollen. Sie haben das Glück verdient. Erinnern Sie sich immer daran, dass Sie jemanden, der von Natur aus schlecht ist, nicht dazu bringen können, gut zu werden, egal wie viel Sie von sich geben. Es ist so, als ob man Gift trinkt, in der Hoffnung, dass es sich in ein erfrischendes Getränk verwandelt, wenn das Gift im Magen ankommt. Das ergibt keinen Sinn.

Kapitel 6
Den Empathen seelisch heilen

Ich bin nicht die Art von Person, die gerne in Selbstmitleid schwelgt, aber ich denke, an dem Punkt, an dem wir uns gerade befinden, wäre es nur fair, den emotionalen Kampf anzuerkennen, den wir alle als Empathen durchmachen. Nachdem ich mir im letzten Kapitel alles von der Seele geschrieben habe, fühlt es sich so an, als wäre dies der richtige Zeitpunkt, um einfach mal eine Pause einzulegen und durchzuatmen ... den Moment einzuatmen. Das Leben ist wirklich schön. Und wir können es nur genießen, wenn wir für einen Moment mit dem Grübeln aufhören. Da ich ein Empath bin, verstehe ich, dass so ein Leben ein Luxus ist, den wir uns nicht wirklich leisten können, besonders da wir regelmäßig mit Menschen und ihren Emotionen in Kontakt kommen. Aber das ist in Ordnung. Wir brauchen diese Emotionen, um unsere innere Gabe zu nähren. Wenn wir jedoch diese Emotionen erleben, ist es wichtig, ein Gleichgewicht zu halten, bei dem wir nicht nur die schmerzhaften und verletzenden Dinge, die wir fühlen, loslassen, sondern auch einen Weg finden, unsere Herzen zu heilen.

Im ersten Kapitel dieses Buches habe ich über einige der falschen Vorstellungen gesprochen, die Menschen über Empathen haben. Eine davon ist die Vorstellung, dass Empathen gebrochene Menschen sind. Manchmal ist der Schmerz, den wir in uns tragen, nicht unser Schmerz. Erinnern Sie sich an den Spiegeleffekt? Es sind Gefühle, die wir von anderen Menschen aufnehmen, und wenn wir uns nicht mit diesen Gefühlen auseinandersetzen, kann es sein, dass wir am Ende in eine Krise geraten. Was also soll dies bezwecken? Heilung in diesem Sinne bedeutet nicht unbedingt, dass wir gebrochen sind. Heilung ist für uns ein Weg, die Gefühle zu sortieren; ein Weg, uns zu entspannen und zu beruhigen. Heilung ist für einen Empathen mehr als nur eine biologische Aktivität, die durch Schmerz hervorgerufen wird. Es ist ein Weg zu einem ausgeglicheneren emotionalen Wohlbefinden.

5 heilende Aktivitäten für Empathen zur Entspannung

Es gibt verschiedene Arten von Empathen (wir haben bereits mehr als eine Handvoll von ihnen untersucht) und der Schlüssel zu ihrer Heilung liegt normalerweise in ihrer intrinsischen Natur. Für den mitfühlenden Empathen könnte sein Weg zur Heilung wahrscheinlich in Aktivitäten gefunden werden, die sein Bedürfnis, Menschen zu helfen, erfüllen. Etwas so Einfaches wie das Servieren von Suppe in einem Obdachlosenheim kann entspannend wirken. Für körperliche Empathen wären Aktivitäten, die eine Verbindung mit Menschen beinhalten, besonders wenn sich diese Verbindung auf Heilung fokussiert, hilfreich. Solche Aktivitäten könnten entweder eine schöne Körpermassage oder eine heilende Reiki-Sitzung sein. Für Tier-Empathen kann ein Tag, an dem sie sich einer lustigen Aktivität mit ihren liebsten Haustieren hingeben, große Wunder für ihre mentale Gesundheit bewirken. Diese Dinge, die ich erwähnt habe, beziehen sich ausschließlich auf die Natur des Empathen

Es gibt jedoch einige einfache, allgemeine Aktivitäten, die Empathen durchführen können, um dorthin zu gelangen, wo sie beginnen können, innerlich Heilung zu erfahren. Wenn Sie etwas aus diesem Kapitel mitnehmen, dann sollte es die Tatsache sein, dass die Heilung eines Empathen nicht durch eine Droge oder den Gebrauch einer Substanz eingeleitet wird, auch keine milde. Sie müssen nicht anfangen, etwas zu tun, das süchtig machen könnte. Stattdessen habe ich eine Liste von fünf allgemeinen Aktivitäten erstellt, die Ihnen helfen können, an einen Ort der Ruhe zu gelangen. Verwenden Sie diese als Leitfaden. Das Ziel ist, dass Sie am Ende des Abschnitts in der Lage sein sollten, sich mit mehr als ein oder zwei Aktivitäten auf dieser Liste zu identifizieren. Denken Sie daran, dass Ihr emotionales Wohlbefinden sehr wichtig ist. Wenn Sie Ihre Gaben als Empath jemals genießen wollen, müssen Sie lernen, sich zu entspannen.

1. Beginnen Sie mit dem Tagebuchschreiben

Tagebuch zu schreiben ist eine therapeutische Aktivität, deren Nutzen Sie sich vielleicht nicht bewusst sind. Es ist eine hervorragende Methode, Grübeleien zu beenden. Wenn Sie aufgepasst haben, haben Sie vielleicht bemerkt, dass ich diesen Ausdruck „Grübeleien" sehr oft verwendet habe. Was ich meine, ist, dem mentalen Kreislauf zu entkommen, in dem Sie ständig Emotionen verarbeiten. Ich weiß, dass Sie als Empath mit verschiedenen Arten von Emotionen gleichzeitig umgehen müssen. Wenn Sie sich weiterhin ständig den Kopf zerbrechen, besonders über einen längeren Zeitraum, ist die Wahrscheinlichkeit groß, dass Sie am Ende völlig gestresst sind. Nicht viele Empathen haben Freunde, mit denen sie reden können, oder Menschen, die überhaupt verstehen, was sie gerade durchmachen. Ein Tagebuch ermöglicht es Ihnen, Ihre Gedanken aufzuschreiben und Ihre Gefühle zu sortieren, ohne dass Sie sich mit den Rückwirkungen der Verarbeitung dieser verschiedenen Emotionen auseinandersetzen müssen. Tagebuchschreiben ist eine entspannende Erfahrung, da es die Konzentration fördert, und wenn Sie sich konzentrieren, haben Sie mehr Kontrolle über Ihre Gefühle und deren Auswirkungen.

2. Wecken Sie Ihren inneren Künstler

Dieser Teil kann ein wenig schwierig zu verstehen sein. Ich meine Folgendes: Wenn Sie eines dieser emotionalen Erlebnisse durchmachen, können Sie diesen Schmerz in Kunst verwandeln, indem Sie sich mit Aktivitäten beschäftigen, bei denen Sie kreativ sein müssen. Das könnte zum Beispiel das Schreiben eines Gedichts, das Malen eines Bildes oder das Arbeiten mit Holz sein. Machen Sie sich bewusst, dass es nicht darum geht, was Sie erschaffen. Es geht um den Prozess. Erfahrungsgemäß erzeugt dieser Prozess das, was ich Energieübertragung nenne. Die negative Emotion, die Sie fühlen, wird in einen kreativen Prozess umgewandelt, der das Potenzial hat, zu Kunst zu werden. Sie müssen nicht danach streben, etwas Großartiges zu schaffen (das würde den Stress nur verschlimmern). Bringen Sie einfach etwas Farbe auf eine Leinwand oder spielen Sie mit Worten. Dies sind sehr großartige Möglichkeiten, die Ihnen helfen werden, die Grübeleien loszuwerden.

3. Unterstützen Sie eine Sache, die Ihnen am Herzen liegt

Sie wissen, dass Sie etwas bewirken und die Leiden der Menschen lindern wollen. Sich einen Moment Zeit zu nehmen, um für eine Sache zu spenden, die Ihnen am Herzen liegt, kann eine entspannende Wirkung auf Sie haben. Wenn Sie es vorziehen, selbst Hand anzulegen, können Sie sich für ein paar Minuten oder Stunden (je nach Ihrem Terminplan) freiwillig engagieren. Dies hilft Ihnen, Ihren „Menschenprojekt"-Instinkt zu pflegen, während Sie gleichzeitig einen angemessenen Abstand gewinnen.

4. Ändern Sie Ihre Routine

Empathen sind Gewohnheitstiere. Sie fühlen sich in ihren Routinen sicher, auch wenn diese Routinen auf lange Sicht nicht gut für ihre geistige und körperliche Gesundheit sind (erinnern Sie sich an mein Couch- und Kuchenerlebnis?). Die Vorstellung, aus der Routine auszubrechen, mag beängstigend klingen, aber wenn Sie den Schritt wagen, wird Sie das Ergebnis begeistern. Ein Wort der Warnung gebe ich Ihnen jedoch: Vergewissern Sie sich, dass die neue Routine, auf die Sie sich einlassen, für Ihre geistige Gesundheit förderlich ist.

5. Meditieren Sie

Diese Liste wäre nicht vollständig ohne eine Erwähnung von Meditation. Wenn Sie lernen, wie man richtig meditiert, können Sie einen Zustand der völligen Ruhe herbeiführen, egal wie gestresst Sie sich fühlen. Beziehen Sie verbale Affirmationen in Ihre Meditationspraxis mit ein, um die Erfahrung noch entspannender zu machen. Ich habe meinen Frieden in Reiki gefunden, einer Energieheilungsreise, die ich täglich mache.

5 Schritte zur Auflösung Ihrer emotionalen Trigger

Emotionale Trigger sind Ereignisse, Erinnerungen, Orte oder sogar Wörter, die in der Sekunde, in der Sie sie sehen oder hören, eine bestimmte Art von emotionaler Reaktion hervorrufen. Wenn Ihnen etwas passiert, bildet unser Gehirn Nervenbahnen aus (deshalb ist es gut, regelmäßig neue Erfahrungen zu machen). Wenn diese Erfahrungen negativ sind, wird die Emotion, die Sie in diesem Moment erlebt haben, registriert und jedes Mal, wenn danach etwas Ähnliches passiert, werden Sie sofort in diesen Moment zurückversetzt. Deshalb können Sie z. B. einen Duft wahrnehmen und werden in eine Zeit Ihrer Kindheit zurückversetzt, in der eine wichtige Person in Ihrem Leben etwas getan hat, während sie diesen Duft trug. Die ausgelösten Emotionen können gut oder schlecht sein, dies wird durch die Erfahrung bestimmt, die Sie gemacht haben.

Offensichtlich würden Sie sich beim erneuten Durchleben von positiven Emotionen wohlfühlen, es sei denn, Sie kommen an den Punkt, an dem diese Erinnerungen Sie daran hindern, in Ihrem Leben weiterzukommen. Negative Emotionen beeinflussen uns in vielerlei Hinsicht und fast nie auf gute Weise. Ich persönlich denke das Gute aus negativen Erfahrungen sind die Lektionen. Welche Emotionen auch immer in Ihnen ausgelöst werden, Tatsache ist, dass diese Sie davon abhalten, nach vorn zu blicken und jetzt Ihr bestes Leben zu leben. Der beste Weg nach vorne ist folgender:

1. Bleiben Sie im Moment

Hören Sie auf, in Erinnerungen zu schwelgen. Wenn ein Ereignis eintritt, das Sie an die Vergangenheit denken lässt, halten Sie nicht daran fest. Konzentrieren Sie sich auf das, was gerade passiert. Lassen Sie sich von den Emotionen, die die Erinnerungen auslösen, nicht unterkriegen und, was noch wichtiger ist, betrachten Sie Ihre Gegenwart nicht als Gelegenheit, sich an der Vergangenheit zu rächen. Gehen Sie die Situation in dem Moment an, in dem sie geschieht.

2. Versuchen Sie nicht, die Situation zu kontrollieren

Kontrolle ist eine Illusion, und wenn Sie an diese Illusion glauben, erhöhen Sie den Stress und die Angst, die mit dem Wiedererleben emotionaler Trigger einhergehen. Akzeptieren Sie, dass Sie nicht kontrollieren können, was mit Ihnen geschieht. Sie können niemanden kontrollieren, der an der Situation beteiligt ist, die Sie durcheinanderbringt, aber Ihre Erfahrung muss nicht von dieser Sache bestimmt werden, die Sie gerade durchmachen. Diese Darstellung klingt etwas verkürzt, darum noch mal ausführlicher: In Bezug auf Ihre Gefühle haben Sie die Wahl, denn sie sind es, über die Sie die Kontrolle haben. Die Freude oder Traurigkeit, die Sie fühlen, und wie lange Sie diese Dinge fühlen, wird von Ihnen bestimmt. Darum: Entziehen Sie sich der Situation, aber kontrollieren Sie Ihre Gefühle.

3. Laufen Sie nicht davor weg

Es gibt ein Sprichwort, das besagt, dass auch ein einzelner Tropfen ein Fass zum Überlaufen bringen kann. Es mag schmerzhaft sein, unsere Gefühle zu konfrontieren. Aber durch diese Konfrontation werden Sie der Wahrheit begegnen und Sie wissen bereits, was man über die Wahrheit und die Freiheit sagt. Und das bringt uns zum nächsten Punkt.

4. Kennen Sie Ihre Wahrheit

Es gab einmal eine Zeit, da dachten die Menschen, dass die Welt flach sei. Dies hielt sie davon ab, sich auf das zu begeben, was ein erstaunliches Abenteuer gewesen wäre, und sie blieben, wo sie sind, weil sie in dieser „Realität" gefangen waren. Aber als einige mutige Wissenschaftler diese Theorie widerlegen konnten, wurde die Menschheit befreit, um die entlegensten Winkel der Erde zu erkunden. Emotionale Trigger könnten auf Mythen beruhen, die Sie sich selbst aufgetischt haben, und so sind Sie jedes Mal, wenn Sie mit einer Situation konfrontiert werden, die diese Emotionen auslöst, in dem gefangen, was Sie fühlen. Durchbrechen Sie den Kreislauf, indem Sie diese Mythen widerlegen. Das Ergebnis mag Ihnen nicht gefallen, aber was auch immer es ist, Sie werden zumindest die Wahrheit kennen.

5. Akzeptieren Sie alle Ihre Eigenheiten

Das Leben ist eine rasende Achterbahn voller unerwarteter Wendungen, auf die wir jederzeit treffen könnten. Die Menschen in unserem Leben kommen und gehen. Sie können sich nicht an eine Erinnerung oder eine Person klammern, nur weil Sie Angst davor haben, was mit Ihnen passieren würde, wenn Sie losließen. Diese Angst kommt meist daher, dass Sie für sich selbst noch keine Akzeptanz gefunden haben. Sie sind ungewöhnlich, Sie sind einzigartig und die Erfahrungen, die Sie machen, sind verrückt, doch all das macht Sie zu einem außergewöhnlichen Menschen. Indem Sie sich selbst akzeptieren, geben Sie sich die Chance, sich selbst mehr zu lieben. Wenn Sie sich selbst lieben, wird alles andere, was Ihnen passiert, zweitrangig.

4 kraftvolle Techniken zur Heilung und zum Selbstschutz

Die automatische Reaktion eines jeden Menschen, wenn er sich bedroht fühlt, ist es, an einen Ort zu gehen, an dem er sich sicher fühlt. Sie haben vielleicht nicht immer den Luxus, zu Ihrem sicheren Ort zu fliehen. Was tun Sie in diesem Fall? Sie halten inne. Nehmen Sie sich eine Auszeit und entspannen Sie sich. Diese mächtigen Techniken, die ich gelernt habe, sind für mich zu einem Bewältigungsmechanismus geworden, und ich kann mich an keine glücklichere Zeit in meinem Leben erinnern.

Affirmationen

Wir bestehen aus den Worte n, die wir zu uns selbst sprechen. Wenn Sie nicht zu sich selbst sprechen, werden die Worte, die andere Menschen zu Ihnen sagen, das Fundament, auf dem Ihr Leben aufgebaut ist. Und wir wissen, dass die Welt ein grausamer Ort sein kann. Einige der negativen Dinge, die Menschen zu Ihnen sagen, entspringen keiner bösen Absicht. Sie wissen es einfach nicht besser. Aber unabhängig von den Absichten, die hinter diesen Worten stehen, sollten Sie Ihren Frieden und Ihre geistige Gesundheit nicht von den Worten anderer Menschen abhängig machen. Affirmationen sind Worte, die Sie zu sich selbst sprechen, um Energie zu tanken und manchmal auch, um die negativen Worte, die Menschen Ihnen gegenüber äußern, aufzuwiegen. Ich beginne meinen Tag mit dem folgenden Spruch:

„Ich bin eine starke, kraftvolle Komponente im Universum und ich bin ermächtigt, meinen Tag selbst in die Hand zu nehmen.“

Finden Sie Phrasen und positive Worte, mit denen Sie sich identifizieren. Wann immer Sie sich von Ihren Emotionen oder den Aktivitäten um Sie herum überwältigt fühlen, sprechen Sie diese Worte und nehmen Sie die Energie auf, die Sie dadurch gewinnen.

Bringen Sie Freude in Ihr Leben

Wenn Sie auf diese eine Person gewartet haben, die Freude in Ihr Leben bringen soll, haben Sie an der falschen Stelle gesucht. Die einzige Person, die Sie brauchen, um Ihr Leben zu vervollständigen, sind Sie selbst. Sie müssen aufhören, auf die Erlaubnis einer anderen Person zu warten, um glücklich zu sein. Das ist etwas, mit dem Sie selbst fertigwerden müssen. Empathen mögen diese Wahrheit nicht, aber glauben Sie mir, in dem Moment, in dem Sie dies akzeptieren, setzen Sie in sich selbst eine tiefgreifende Heilung in Gang. Es kann Sie auch davor bewahren, sich in jede Person zu verlieben, die Sie treffen. Fangen Sie an, die Dinge zu tun, die Sie lieben, planen Sie den Traumurlaub, machen Sie den Kochkurs. Das Leben ist zu schön, um es mit Warten zu verbringen. Leben Sie jetzt Ihr bestes Leben.

Verbinden Sie sich mit der Natur

Es gibt nicht viele Dinge, die so erfrischend sind wie das Verbundensein mit der Natur. Es belebt Ihre Seele und vermittelt Ihnen ein Gefühl von Erhabenheit. Ein einfacher Spaziergang im Wald lässt Sie geistig entspannen. Sich mit der Natur zu umgeben ist so, als ob man sich in Mutter Erde eingräbt. Dies steht symbolisch für die Zeit im Mutterleib, der einer der sichersten Orte ist, die wir je gekannt haben. Wenn Sie in der Natur sind, nehmen Sie die ruhige Energie dessen auf, was Sie umgibt. Wenn Sie sich am Strand befinden, lauschen Sie den Geräuschen der Wellen, die an das Ufer schlagen. Stellen Sie sich vor, wie Ihre Ängste und Befürchtungen von diesen Wellen zerbrochen werden und lassen Sie sich von Erleichterung durchfließen. Akzeptieren Sie die Segens- und Schutzenergien, die Sie erhalten, und glauben Sie, dass Sie geliebt und beschützt werden. Dann erfahren Sie ein Gefühl der Ganzheitlichkeit.

Bestimmen Sie Ihre Grenzen

Empathen kämpfen mit einem Gefühl von mangelnder Kontrolle. Dies ist die Ursache für den emotionalen Aufruhr, den sie ständig erleben. Es fühlt sich an, als ob die Welt und die Ereignisse um sie herum ohne ihre Zustimmung geschehen. Dies bringt sie in einen Zustand von Schmerz, Verletzung und emotionalem Trauma. Um dies zu überwinden, ist es wichtig, sich täglich daran zu erinnern, dass alles, was Ihnen widerfährt, mit Ihrer Erlaubnis geschieht. Es ist vollkommen in Ordnung, Nein zu sagen. Sagen Sie „Nein" und betrachten Sie das als Ihre Grenze. Wenn Sie sich müde und erschöpft fühlen und keine Lust mehr haben, sich mit Menschen und deren Dramen auseinanderzusetzen, ist es in Ordnung, Nein zu sagen. Lassen

Sie nicht zu, dass Ihre Angst davor, wie andere Menschen Ihre Worte auffassen werden, Ihre Reaktion kontrolliert. Stehen Sie für sich ein und sagen Sie öfter Nein, als Sie es normalerweise tun würden. Der Kern dieser Übung ist es, Sie zu ermächtigen und Sie an den Punkt zu bringen, an dem Sie die Kontrolle, die Sie über Ihr Leben haben, annehmen können.

6 positive Affirmationen, die alle Empathen kennen sollten

Ich bin mir sicher, dass Sie mit jedem Kapitel und Abschnitt dieses Buches ein intimeres Wissen über sich selbst erlangt haben. Mit diesem Wissen kommt nun die Notwendigkeit, zu handeln. Sie wissen, was man sagt: Wissen ohne Handeln ist nutzlos. Daher werden Sie anfangen, die Informationen und die Weisheit, die Sie erhalten haben, in die Tat umzusetzen. Aber bevor wir zu diesem Teil kommen, lassen Sie uns diese Reise damit beginnen, die schöne Person, die in Ihnen steckt, zu ermächtigen. Ich habe bereits über Affirmationen gesprochen, und jetzt werden wir praktisch mit ihnen arbeiten. Hier sind ein paar Affirmationen, von denen ich glaube, dass sie im Leben eines Empathen sehr wirkungsvoll sein können:

1. **Ich bin eine schöne und sensible Seele. Meine Sensibilität ist eine starke Kraft und mit dieser Kraft verändere ich meine Welt.**

2. **Ich bin eine sehr wichtige Person, und ich verspreche, Menschen in mein Leben zu lassen, die mich**

als Person wertschätzen werden. Mein innerer Kreis besteht aus Menschen, die meine Meinung, meine Anwesenheit und meine Gefühle schätzen.

3. Heute ziehe ich Segen und positive Energien an. Ich weise alles zurück, was Negativität in meine Welt bringen würde. Mein Leben ist schön. Meine Erfahrungen sind schön. Meine Liebe ist schön.

4. Ich bin mit der Gabe gesegnet, intuitiv zu erkennen, was gut für mich ist. Ich höre auf meine Instinkte. Ich vertraue meinem Instinkt und bin durch ihn geschützt. Solange ich auf meine innere Stimme höre, werde ich nicht zu Schaden kommen.

5. Heute baue ich eine Mauer um mich herum, die meine Energie vor Menschen schützt, die emotional anstrengend sind. Ich verpflichte mich, Beziehungen zu pflegen, die mich genauso nähren, wie ich sie nähre.

6. Ich verdiene Glück und deshalb werde ich mich heute verwöhnen. Ich werde mich gesund ernähren. Ich werde meinen Geist und Körper trainieren. Heute nehme ich mir vor, gut zu mir zu sein.

Kapitel 7
Der gesunde, glückliche Empath

Wir haben uns nun den verletzten Empathen sowie die Probleme, mit denen Empathen konfrontiert werden, angeschaut und sind dann den Prozess durchgegangen, der uns Heilung im Inneren schenken kann. Doch wie wissen wir, dass wir geheilt worden sind? Diese Frage bildet den Kern dieses Kapitels. Ich möchte, dass wir uns genau ansehen, wie ein glücklicher Empath aussieht. Denn ja, es ist möglich, glücklich und gesund zu sein, sowohl emotional als auch körperlich. Es wird immer eine Menge Arbeit erfordern. Es gibt keinen Grund, sich vor dieser Tatsache zu verstecken. Wir wissen, dass wir anders gebaut sind als der Durchschnittsmensch und dass wir deshalb auch anders auf Situationen und Ereignisse in unserem Leben reagieren. Trotz der Hürden, die unsere angeborene Natur mit sich bringt, werden wir Heilung finden, daran besteht kein Zweifel. Doch manchmal ist das Beste, was Sie dazu motivieren kann, den besten Weg für sich selbst einzuschlagen, eine klare Vorstellung von sich selbst zu bekommen. Und das ist der Punkt, an dem wir uns in diesem Kapitel wiederfinden. Ich werde das Folgende nicht in rosigen Farben schildern. Falls Sie es nicht bemerkt haben: Ich habe dieses Kapitel damit begonnen, einige der Schwierigkeiten zu wiederholen, denen wir meiner Meinung nach auf irgendeine Art begegnen werden. Dennoch denke ich, dass es an der Zeit ist, die Person zu enthüllen, die Sie werden könnten, wenn Sie auf dem richtigen Kurs bleiben. Behalten Sie Ihre Affirmationen bei und bleiben Sie sowohl geistig als auch körperlich gesund, dann wird sich das Ergebnis lohnen.

Die 5 mächtigen Lektionen, die jeder Empath lernen muss

1. Nein zu sagen, macht Sie nicht zu einer schrecklichen Person

Wenn man einen Empathen in eine Situation bringt, in der er Ja oder Nein sagen soll, will er instinktiv Ja sagen. Das liegt in seiner Natur, und in einer Welt, in der alles perfekt ist, wäre dies die richtige Einstellung. Leider ist die Welt jedoch alles andere als perfekt, und wenn Sie jedes Mal, wenn Sie gefragt werden, Ja sagen, dann werden Sie es ein Leben lang bereuen. Während Sie sich auf Ihrer Reise als Empath weiterentwickeln, ist dies eine der wichtigsten Lektionen, die Sie lernen werden. Das Leben endet nicht, wenn Sie Nein sagen – im Gegenteil. Ihr Leben beginnt, sobald Sie Nein gesagt haben.

2. Es ist völlig in Ordnung, sich selbst an die erste Stelle zu setzen

Der Empath ist bis zu einem gewissen Grad großzügig. Er stellt die Gefühle und Emotionen anderer über seine eigenen. Diese Natur ist es, die ihn bei den Menschen beliebt macht, aber gleichzeitig ist es auch das, was ihn von innen heraus zerstört. Wenn Sie auf dieser Reise das Beste aus sich selbst herausholen wollen, müssen Sie unter anderem lernen, dass es vollkommen in Ordnung ist, sich selbst an die erste Stelle zu setzen.

3. Ihre Sensibilität ist eine Stärke

Ihr ganzes Leben lang hat man Ihnen gesagt, dass Emotionen einen Menschen schwach machen. Die Tatsache, dass Sie sensibel auf die Dinge reagiert haben, die um Sie herum geschehen, hat Ihnen den Titel eines schwachen und sensiblen Menschen eingebracht, doch auf dieser Reise werden Sie entdecken, dass Ihre Sensibilität eine Ihrer größten Stärken ist. Und je mehr Informationen Sie über sich selbst erlangen, desto mächtiger werden Sie.

4. Das Problem lag nie bei Ihnen

Die Leute werden versuchen, Ihnen Ihre Natur zum Vorwurf zu machen. Vor allem Menschen, zu denen Sie irgendeine Art von Beziehung hatten. Sei es bei der Arbeit, in der Schule oder im privaten Bereich – aufgrund der Unfähigkeit anderer, zu verstehen, was für ein Mensch Sie sind, wird es immer so aussehen, als ob das Problem von Anfang an bei Ihnen lag. Aber mit den Informationen, die Sie über sich selbst erhalten, wenn Sie Ihre Persönlichkeit weiter studieren und verstehen, was Empathen ausmacht, werden Sie erkennen, dass das Problem nie bei Ihnen lag. Und es geht hier nicht um Schuldzuweisungen. Es geht darum, die Dinge so zu erkennen, wie sie wirklich sind. Erinnern Sie sich ständig daran (egal wie laut andere das Gegenteil behaupten), dass die Ursache des Problems nicht Sie sind, auch wenn die Leute es nicht verstehen.

5. Glück ist eine Wahl, die Sie treffen

Diese Tatsache hier ist nicht nur Empathen vorbehalten. Oftmals erkennen wir nicht, dass die Art und Weise, wie wir uns fühlen, eigentlich das Einzige ist, was wir kontrollieren können. Und doch legen wir genau das in die Hände anderer Menschen. Das Glück wird nicht plötzlich vor Ihrer Tür stehen. Es wird nicht in Form einer Person kommen, von der Sie annehmen, dass sie perfekt für Sie ist. Es wird nicht auf einmal da sein, selbst wenn Sie die perfekte Beziehung finden oder plötzlich reich werden. Glück ist in etwa so wie jeden Morgen aufzuwachen und sich dafür zu entscheiden, sich die Zähne zu putzen. Es ist etwas, das Sie jeden Tag anstreben müssen, und wenn Sie etwas aus diesem speziellen Abschnitt des Buches mitnehmen, dann sollte es die Tatsache sein, dass Ihnen die Kontrolle über Ihren Geisteszustand obliegt.

5 tägliche Praktiken eines gesunden Empathen

Wenn Glück etwas ist, das man jeden Tag anstreben muss, welche Dinge würde ein glücklicher Empath tun, um sein Glück zu bewahren? Es ist eine merkwürdige Frage, besonders wenn man bedenkt, dass Glück für verschiedene Menschen eine Menge unterschiedlicher Dinge bedeutet. Aus meiner persönlichen Erfahrung heraus kommt wahres Glück nicht von den Dingen, die man besitzen oder kaufen kann. Echtes Glück findet man in den kleinen Freuden, die man an den Momenten hat, die sich einfach so ergeben. Es kann sehr flüchtig sein, weshalb es wichtig ist, in jedem Moment präsent zu sein, denn wenn man diese Momente verpasst, verpasst man auch die Gelegenheit, glücklich zu sein. Viele von uns verbringen unsere Zeit damit, unser Glück aufzuschieben. Wir denken, dass, wenn wir diesen Job bekommen werden, wenn wir in der Lage sein werden, dieses Haus zu kaufen; wenn wir endlich diese perfekte Person treffen werden, dann wird unser Leben so viel besser sein und wir werden endlich unser Glück finden können. Aber durch diese Aussagen berauben wir uns einer echten Chance auf Glück. Hören Sie auf, darauf zu warten, dass das Glück zu Ihnen kommt. Nutzen Sie diese täglichen Übungen, um etwas Glück in Ihr Leben zu bringen.

Nehmen Sie sich eine Minute Zeit, um dankbar zu sein

Einer der Gründe, warum wir nicht in der Lage sind, Glück zu finden, ist, dass wir so sehr auf die Dinge konzentriert sind, die wir nicht haben, dass wir die Dinge vergessen, die wir haben. Wir legen so viel Wert auf das, was wir zu bekommen hoffen und achten nicht auf die Dinge, mit denen unser Leben bereits gesegnet ist. Egal wie schlecht eine Situation ist, es gibt immer auch etwas Positives. Und Sie können diese positiven Dinge nur finden, wenn Sie sich bewusst darum bemühen. Wenn Sie also morgens aufwachen, nehmen Sie sich eine Minute Zeit, um dankbar zu sein für alles, was Sie haben. Sie sollten eine dankbare Haltung entwickeln.

Beginnen Sie Ihr nächstes Abenteuer

Wenn Sie in einem Trott stecken bleiben, wird Ihr Leben sehr langweilig. Sie verlieren den Sinn für Wunder, der eine Art von Glück in das Leben bringt. Es ist schwer, die guten Dinge, die man hat, zu sehen und sie so wertzuschätzen, wie sie sind, und das liegt nicht unbedingt daran, dass man nicht dankbar ist. Ich denke, es hat mehr damit zu tun, dass Sie die Lust am Leben verloren haben. Gehen Sie heute auf ein Mini-Abenteuer. Es muss nichts Großes sein. Sie könnten ein neues Gericht entdecken oder vielleicht eine neue Sportart ausprobieren. Das Ziel ist es, ein Gefühl der Neuheit in Ihr Leben zu bringen; Ihre Leidenschaft für das Leben wiederzuerwecken. Wenn Sie Ihr Leben mit Leidenschaft leben, finden Sie Ihr Glück in den kleinsten Dingen.

Erweisen Sie sich selbst etwas Liebe

Sie haben das Glück verdient. Ich habe das schon mehrmals gesagt und das zeigt Ihnen, wie wichtig es ist. Sich selbst Liebe zu erweisen ist etwas, gegen das sich viele von uns instinktiv wehren, weil wir denken, dass wir dann auf eine bestimmte Weise wahrgenommen werden. Die Tatsache, dass wir uns so sehr darum kümmern, was andere Menschen über uns denken könnten, sagt mehr über unseren mentalen Zustand aus als das, was wir über uns selbst denken. Sie brauchen nicht darauf zu warten, dass die Leute Sie lieben. Tatsächlich gibt es nicht viele Menschen, die Sie mehr lieben können, als Sie sich selbst lieben. Wenn Sie die Liebe in Ihr Leben lassen wollen, sollten Sie zuerst bei sich selbst anfangen. Zeigen Sie sich selbst etwas Liebe. Seien Sie netter zu sich selbst, nehmen Sie sich Zeit, um sich zu verwöhnen. Ich weiß, dass man sagt, allein essen zu gehen, könnte ein wenig deprimierend wirken. Auch das ist die Wahrnehmung der anderen Menschen. Wenn Sie essen gehen wollen, empfehle ich Ihnen, es ungefähr einmal im Monat zu tun. Gehen Sie in das beste Restaurant, das Sie sich leisten können, und gönnen Sie sich ein schönes Essen. Oder gehen Sie in ein Spa, wenn das Ihr Ding ist. Genießen Sie eine schöne Massage. Das sind kleine Möglichkeiten, wie Sie sich selbst Liebe erweisen können.

Nehmen Sie sich einen Moment Zeit zum Atmen

Wir leben ein sehr geschäftiges Leben und die Welt, in der wir heute leben, bewegt sich in einem sehr schnellen Tempo. Von dem Moment, in dem Sie aufwachen, bis zu der Sekunde, in der Sie Ihren Kopf auf Ihr Kissen betten, scheint es oft, als ob 24 Stunden nur so vorbeigeflogen sind. Es ist wichtig, während des Tages Pausen einzulegen. In diesen Pausen müssen Sie nichts Bedeutendes tun. Schon wenn Sie sich nur auf Ihre Atmung konzentrieren, kann dies viel dazu beitragen, das Ergebnis Ihres Tages zu verbessern. Wenn Sie sich angespannt und überdreht fühlen, machen Sie eine Pause bei dem, was Sie gerade tun. Atmen Sie tief ein und aus; stellen Sie sich vor, dass die Anspannung und der Stress, die Sie empfinden, mit diesem Atemzug von Ihnen abfallen. Es gibt verschiedene Atemübungen, die speziell für den Stressabbau konzipiert sind. Sie können diese im Internet nachschlagen und vielleicht ausprobieren. Wenn das für Sie zu kompliziert klingt, halten Sie sich einfach daran, während Ihres Tages Pausen einzulegen. Halten Sie inne und nehmen Sie sich Zeit für die schönen Dinge des Lebens.

Gestalten Sie eine Vision von Ihrer Zukunft

Einfach betrachtet, wird dies als Träumen bezeichnet. Wenn man aufhört zu träumen, ist es sehr leicht, sein Glück zu verlieren. Das soll nicht heißen, dass wir nicht im Moment verhaftet leben sollten. Was ich meine, ist, dass eine Vision von Ihrer Zukunft Ihnen eine Alternative bietet, auf die Sie zugehen können, ohne sich von Ihrer Gegenwart zu lösen. Es ist wichtig, dass Sie die damit verbundene Dynamik erkennen. Ich fordere Sie auf, in Zukunft ein wenig mehr zu träumen, als Sie es normalerweise tun würden. Stellen Sie sich das Glück vor, das Ihnen diese Vision gibt, und benutzen Sie es dazu, Ihre Gegenwart zu stärken.

Empathie als Freude fühlen

Als Empathen haben wir die Neigung, uns in Schmerzen hineinzuversetzen. Wenn wir jemanden mit Schmerzen sehen, projizieren wir diesen Schmerz auf unser Leben. Das führt dazu, dass wir diesen Schmerz durchleben, als ob es unser eigener wäre. Aber wenn es um Freude oder andere positive Emotionen geht, haben wir aus irgendeinem Grund eine Abneigung dagegen. Wir sind nicht in der Lage, diese Freude widerzuspiegeln, und so durchleben wir diese Freude nicht, als ob sie unsere eigene wäre. Unsere Bevorzugung von Schmerz ist etwas, das nicht leicht zu verstehen ist. Vielleicht liegt es daran, dass der Schmerz eine Intensität hat, die nach uns ruft, oder vielleicht an der Tatsache, dass wir uns aktiv an der Auflösung des Schmerzes einer anderen Person beteiligen können. Wenn es hingegen um Freude geht, haben wir das Gefühl, dass wir nichts tun können, und deswegen mischen wir uns nicht so sehr ein, und ich denke, dass dies der Kern des Problems ist. Wenn wir bei anderen Menschen Emotionen beobachten, sind wir psychisch darauf programmiert, auf sie zu reagieren, und nicht nur das. Wir wollen etwas dagegen tun.

Nun, das ist nur meine Spekulation, allerdings sagt uns die Wissenschaft etwas Ähnliches. Ihr zufolge reagiert unser Gehirn auf Freude nicht mit der gleichen Intensität wie auf Schmerz. Das bedeutet, dass es uns als Menschen leichter fällt, den Schmerz und das Leiden anderer zu teilen, als ihre Freude zu teilen. Ich denke, dass diese Erfahrung auf Empathen noch mehr zutrifft. Experten glauben, dass es eine viel größere psychische Belohnung gibt, wenn man auf den Schmerz anderer Menschen reagiert, als wenn man auf ihre Freude reagiert. Dies untermauert meine Theorie, dass wir uns viel besser fühlen, wenn wir an dem Prozess einer Person beteiligt sind, und Schmerz erlaubt Ihnen mehr Beteiligung als Freude. Wenn Sie eine Person sehen, die Freude erlebt, können Sie sich nur für diese Person freuen. Aber wenn es um Schmerz geht, kommt unsere „Wiedergutmacher-Persönlichkeit" zum Einsatz. Nun heißt das nicht, dass wir wollen, dass Menschen ständig oder überhaupt Schmerzen haben. Es zeigt nur unsere unbewussten Handlungen auf.

Und nur weil Sie darauf programmiert sind, etwas unbewusst zu tun, heißt das nicht, dass Ihre Persönlichkeit dadurch definiert ist. Sie können den Schritt wagen, diese Einstellung zu ändern. Es ist gut, auf den Schmerz in anderen Menschen zu reagieren, aber es ist auch gut, auf ihr Glück zu reagieren. Das gilt nicht nur für die Person, auf die Sie reagieren, sondern auch für Sie selbst. Um ein glücklicher, gesunder und gut geerdeter Empath zu sein, ist es wichtig, dass Sie ein Gleichgewicht zwischen diesen beiden Reaktionen finden. Wenn Sie jemanden sehen, der glücklich ist, gehen Sie hin und freuen Sie sich aktiv mit ihm. Es gibt keine Regel, die besagt, dass Sie nichts tun können, um dieses Glück zu feiern. Wenn Sie sich bewusst bemühen, das Glück anderer zu feiern, werden Sie feststellen, dass auch dies mit Belohnungen verbunden ist.

Deshalb möchte ich heute, dass Sie Ihrer Liste von Affirmationen den Wunsch hinzufügen, das Glück anderer Menschen zu feiern. Wenn das nächste Mal jemand in Ihrem Bekanntenkreis eine gute Nachricht verkündet, bieten Sie ihm an, mit ihm auszugehen, um das Ereignis zu feiern. Sie brauchen nicht einmal zu warten, bis etwas Positives passiert. Sie können einfach einen Stift und Papier hervorholen und auf die altmodische Art einen Dankesbrief an Ihren Freund, Ihre Familie oder einen geliebten Menschen verfassen. Denken Sie sich einen kreativen Weg aus, um Ihre Empathie für das Glück des anderen zu zeigen. Am Anfang mag es ein bisschen mühsam sein, aber wenn Sie dranbleiben, wird es für Sie zur Normalität werden.

Üben Sie sich in nicht-reaktiver Empathie

Einem Empathen zu sagen, er solle aufhören, auf die Emotionen und Energien zu reagieren, die er von anderen Menschen bekommt, ist, als würde man ihm sagen, er solle aufhören zu atmen. Diese Reaktionen machen uns aus, und ich hoffe, dass Sie inzwischen an diesem Punkt der Akzeptanz angekommen sind. In diesem Abschnitt geht es nun darum, Sie dahin zu bringen, dass Sie nicht mehr auf jede Energie oder Stimmung um Sie herum reagieren. Das kann schwierig sein, besonders wenn Sie von Menschen umgeben sind, die Schmerzen haben. Doch bedenken Sie, dass Sie diese Fähigkeit lernen müssen, um ein glücklicher und gesunder Empath zu werden. Schauen Sie sich die Dinge an, die um Sie herum passieren und entwickeln Sie eine andere Art, auf diese Dinge zu reagieren. Sehen

Sie, dass ich Ihnen nicht sage, Sie sollen aufhören zu reagieren? Ich sage nur, dass Sie eine andere Form der Reaktion entwickeln sollen. Um das tun zu können, müssen Sie aus der Selbsterkenntnis heraus reagieren. Wenn Sie wissen, wer Sie sind und wie Sie sich bei bestimmten Dingen fühlen, sind Sie besser vorbereitet, da Sie Ihre Reaktion vorhersehen können.

Eine weitere Sache, die Sie verstehen müssen, ist, dass nichts so ist, wie es scheint. Sie mögen sich emotional in diese Person hineinversetzt haben, aber das bedeutet nicht, dass Sie ein vollständiges Bild davon haben, was vor sich geht. Das ist ein häufiger Fehler, der uns als Empathen zu eigen ist. Wir haben das Gefühl, dass unsere Verbindung zu den Erfahrungen der Menschen uns Zugang zum gesamten Bild gibt. Nehmen wir zum Beispiel an, Sie stolpern auf der Straße über einen obdachlosen Mann. Er hält Ihnen wie üblich seinen Blechbecher hin und bittet um etwas Kleingeld. Sie reagieren sofort emotional auf seine aktuelle Situation und Sie wissen, wie er sich in diesem Moment fühlt. Aber Sie wissen nur über diesen speziellen Moment Bescheid. Wenn Sie sich das vor Augen halten, wird es Ihnen leichter fallen, eine andere Reaktion zu entwickeln oder zumindest Ihre emotionale Reaktion auf die Dinge zu reduzieren.

Wissenschaftler sagen uns, dass 90 % dessen, was wir tun, auf Gewohnheiten beruht. Wenn Sie also lernen wollen, wie Sie neue Handlungsweisen entwickeln können, müssen Sie Ihr Gehirn umtrainieren. Um weniger reaktiv zu sein, fordere ich Sie auf, bewusst eine Pause einzulegen, bevor Sie reagieren.

Diese Pause kann den Unterschied zwischen einer Überreaktion und einer angemessenen Reaktion ausmachen. Ein netter Trick, den ich entwickelt habe, war, mich jedes Mal zu kneifen, wenn ich das Gefühl hatte, dass meine Emotionen auf Hochtouren liefen. Das wirkt wie ein Warnsignal, das mich daran erinnert, langsamer zu werden. Es dauerte eine Weile, bis ich diese Botschaft verstand, aber heute geht es mir besser damit. Ich bin immer noch von dem Schmerz betroffen, den andere Menschen empfinden, aber ich tauche nicht mehr in sämtliche Emotionen ein. Ich fühle, ich denke und dann reagiere ich.

Kapitel 8
Empathie als Superkraft

Jetzt, wo wir unsere rosarote Brille abgenommen haben, können wir Empathie so sehen, wie sie wirklich ist. Und trotz all der Herausforderungen und Kämpfe, die wir als Empathen durchmachen, kann man mit Sicherheit sagen, dass Empathie eine Superkraft ist. Empathie ist die entscheidende Eigenschaft, die uns menschlich macht. Die Fähigkeit, zu sehen, wie unsere Mitmenschen die Reise des Lebens meistern, ob gut oder schlecht, und ihre Erfahrungen in unserem eigenen Leben widergespiegelt zu bekommen, ohne dass wir diese Erfahrungen tatsächlich durchmachen müssen, ist unglaublich. Als Empathen geben wir das Tempo für die Menschheit vor. Wir sind mehr als nur Beobachter in der weltweiten Geschichte der menschlichen Erfahrungen. Wir sind Teilhaber und in gewisser Weise würde ich sogar sagen, wir sind die Buchhalter. Es ist eine großartige Sache, wenn man darüber nachdenkt – die Person zu sein, die das Leben aus der Sicht des anderen erlebt. Es ist mir egal, was die Leute sagen. Sie mögen sagen, dass wir zu emotional sind oder zu reaktionär oder einfach nur verrückt. Wir sind stolze Empathen und es gibt keinen besseren Zeitpunkt als diesen, um die Kraft anzuerkennen, die mit diesem Namen einhergeht.

Die 7 natürlichen Gaben, die alle Empathen besitzen

1. Empathen sind sehr kreativ: Die einzigartige Perspektive, die Empathen gegeben ist, erlaubt es ihnen, die Welt auf eine Weise zu sehen, die den meisten Menschen nicht zur Verfügung steht. Diese Sichtweise öffnet für uns eine andere Dimension der Dinge. Mit anderen Worten, wir betrachten Situationen aus einem anderen Blickwinkel, was uns die einzigartige Fähigkeit verleiht, kreative Lösungen zu finden. Und selbst wenn wir nicht mit innovativen Lösungen aufwarten, sind wir sehr geschickt darin, außergewöhnliche Kunst zu schaffen.

2. Empathen sind natürliche Heiler: Unsere Verbindung zu den Dingen um uns herum, ob Menschen, Pflanzen oder Tiere, macht uns zu natürlichen Heilern. Wir haben ein instinktives Verständnis für die Lebensenergie, die um uns herum fließt, und wir benutzen dieses Wissen, um Hilfe zu leisten, egal, wo und von wem sie gebraucht wird. Kombinieren Sie dies mit unserem biologischen Bedürfnis, Fürsorge zu leisten, und Sie haben den perfekten natürlichen Heiler.

3. Empathen sind wachsam gegenüber Gefahren in der Umgebung: Wiederum dank unserer Verbindung mit der Welt um uns herum, gibt es etwas in unserem Unterbewusstsein oder in unserem Wesen, das uns sofort alarmiert, wenn wir einen Raum betreten und wir das Gefühl bekommen, dass in diesem Raum etwas lebensbedrohlich ist. Das ist nichts, das man erklären kann. Es passiert einfach, und es ist eine dieser Gaben, für die wir dankbar sind.

4. Empathen können eine Lüge auf eine Meile Entfernung erkennen: Dies ist meine Lieblingsgabe als Empath; die Fähigkeit, eine Lüge zu erkennen. Es spielt keine Rolle, wie gut die Lüge ausgearbeitet ist oder wie viele physische Beweise verfügbar sind, um die Lüge zu unterstützen; in dem Moment, in dem ein Empath auf eine Lüge stößt, spürt er ihre Falschheit.

5. Empathen können die Wahrheit erkennen: Auf die gleiche Weise, wie ein Empath eine Lüge erkennen kann, kann er auch die Wahrheit erkennen. In unserem Umgang mit Menschen bemerken wir, wenn sie ihr Bestes tun, um ihre wahren Absichten oder Gefühle zu verbergen. Unsere Verbindung zu Menschen und unsere Fähigkeit, ihre Energie wahrzunehmen, erlaubt uns, unter diese falsche Maske zu blicken und die Wahrheit zu enthüllen.

6. Empathen machen die besten Erfahrungen: Stellen Sie sich vor, Sie könnten das ganze Spektrum menschlicher Emotionen erleben. Diese Art von Intensität lässt Sie eine Vielfalt von Erfahrungen machen, die nicht viele Menschen jemals erleben würden. Sobald wir in der Lage sind, unsere Gefühle unter Kontrolle zu bringen, öffnen wir die Türen, um das Leben von seiner besten Seite zu erleben.

7. Empathen sind gut darin, Körpersprache zu interpretieren: Kommunikation kann entweder verbal oder nonverbal sein. Die meisten Menschen sind nur in der Lage, Kommunikation auf verbaler Ebene zu verstehen und selbst dann macht es ihre Unfähigkeit, die wahren Absichten von Menschen zu spüren, schwierig, die Nuancen dieser Kommunikation wirklich zu verstehen. Für Empathen ist dies kaum ein Problem. Hinzu kommt, dass sie die Körpersprache einer Person interpretieren können, um festzustellen, was sie meint oder wie sie sich fühlt.

Die besten Jobs für Empathen

Meiner Erfahrung nach können Empathen, die sich ihrer selbst bewusst sind, in jeden professionellen Bereich gehen, den sie sich in den Kopf gesetzt haben. Es sind diejenigen, die noch mit ihren Gaben zu kämpfen haben, die es schwierig finden, in bestimmten Bereichen bestmöglich zu funktionieren. Doch selbst in Bezug auf diese Situationen habe ich das Gefühl, dass dies mehr mit ihrer individuellen Persönlichkeit zu tun hat als mit ihren Gaben als Empathen. Nun ist in einem bestimmten Bereich zu arbeiten und sich in diesem auch wirklich zu entfalten nicht dasselbe. In diesem Abschnitt werde ich mich auf Karrierewege konzentrieren, in denen Empathen eher ihre Gaben einsetzen und erfolgreich sein können.

Diese Liste ist eher ein Leitfaden, seien Sie also vorsichtig, wenn Sie sie auf Ihr Leben anwenden. Sie müssen Dinge wie Ihr Spezialgebiet, Ihre grundlegenden Fähigkeiten sowie Ihre Talente berücksichtigen. Die Entscheidung, einen Abstecher in diese beruflichen Bereiche zu machen, nur auf Ihrer Gabe als Empath allein zu basieren, wird Ihnen nicht den Erfolg garantieren, den Sie sich wünschen. Ein Empath zu sein, kann die nötigen Fähigkeiten sowie alle anderen grundlegenden Anforderungen für diese Tätigkeit in der jeweiligen Branche lediglich ergänzen. Nachdem das geklärt ist, lassen Sie uns nun die folgenden beruflichen Positionen erkunden.

Psychologe: Die Fähigkeit des Empathen, zuzuhören, ist eines der Dinge, die ihn für diesen Job qualifizieren. Allerdings würde es einen Empathen erfordern, der sich seiner selbst bewusst ist, um als Psychologe erfolgreich zu bestehen. Der Grund dafür ist, dass Empathen in ihrem rohen und untrainierten Zustand dazu neigen, emotional zu reagieren. Psychologen müssen in der Lage sein, sich zu distanzieren. Selbst wenn sie sich mit den Gefühlen und Emotionen, die ihr Patient durchlebt, identifizieren können, muss es immer noch eine Grenze geben, damit sie in der Lage sind, eine objektive Perspektive und auch kreative Lösungen anzubieten. Dennoch glaube ich, dass Empathen für diesen Job sehr gut geeignet sind.

Tierarzt: In vielen Gegenden ist der lokale Tierarzt auch als der Tierflüsterer bekannt. Diese Tierärzte haben die Begabung, mit den Tieren in ihrer Obhut eine Verbindung herzustellen, und das ist keine Fähigkeit, die man in einem Klassenzimmer lernt. Es ist etwas, das angeboren ist. Sie brauchen die Ausbildung, um die richtige Lösung anzubieten, aber Sie brauchen auch diese intuitive Fähigkeit, um das Problem wirklich zu verstehen.

Künstler: Es ist allgemein bekannt, dass Künstler Menschen mit gequälten Seelen sind, und das liegt daran, dass sie für die Welt um sie herum empfänglich zu sein scheint. Diese Schlussfolgerung scheint logisch, denn es erfordert tiefe Einblicke, um in der Lage zu sein, Dinge zu sehen, die andere Menschen als gewöhnlich ansehen, und sie in etwas Spektakuläres zu verwandeln. Künstler sind der Grund dafür, dass man beim Betrachten eines Gemäldes zu Tränen gerührt wird. Dass man, wenn man einem Klang lauscht, in ein anderes Universum hineinversetzt wird, oder dass man beim Lesen einer Reihe von Worten emotional aufgewühlt wird. Das kommt von der Empathie.

Berufsberater: Hier verhält es sich ähnlich wie beim Berufsbild des Psychologen, nur dass Sie diesmal jungen Menschen helfen, ihren Karriereweg zu bestimmen. Und ich habe das Gefühl, dass dies eine Rolle ist, die sehr gut zu einem Empathen passt, weil er sich mit diesen Menschen wie keine andere Person identifizieren kann und seine intuitive Fähigkeit, die wahren Emotionen und Absichten der Menschen zu verstehen, ihn in eine bessere Position bringt, um Ratschläge zu erteilen, wenn es um Dinge wie die Karriere geht.

Anwalt: Menschen ohne Stimme brauchen einen Vertreter, der für sie spricht, und niemand kann dies besser als ein Empath. Die Fähigkeit, sich in die Situation hineinzuversetzen, und der Scharfsinn, den seine Ausbildung mit sich bringt, machen ihn im Gerichtssaal zu einer tödlichen Kombination.

10 Wege, wie Empathen ihre Gaben nutzen können

Empathen sind im Besitz vieler Gaben, die ihnen meiner Meinung nach einen Vorsprung am Arbeitsplatz verschaffen. Doch ihr Erfolg ist nicht nur mit ihrer Karriere verbunden. Wenn Sie diese Gaben in verschiedenen Bereichen Ihres Lebens richtig anwenden, werden Sie erfolgreich sein. In diesem Abschnitt werde ich fünf verschiedene Bereiche in Ihrem Leben betrachten und wir werden uns ansehen, wie Sie Ihre Gabe als Empath nutzen können, um in diesen Bereichen einen „Vorsprung" zu erlangen.

Für Ihre Karriere

Unabhängig von der Art des Jobs, den Sie ausüben, ist es wahrscheinlich, dass Sie mit anderen Menschen zusammenarbeiten. Für einen Empathen ist das ein zusätzlicher Vorteil, weil er ein angeborenes Verständnis dafür hat, wie die Beziehungsdynamik zwischen Menschen funktioniert. Hier erfahren Sie, wie Sie Ihre Gaben zu Ihrem Vorteil nutzen können, damit Sie am Arbeitsplatz erfolgreich sind:

1. Nutzen Sie Ihre Gabe der Einsicht, um innovative Lösungen für Probleme zu entwickeln. Ihre Herausforderung dabei wäre es, Ihrer Stimme Gehör zu verschaffen. Entspannen Sie sich, sagen Sie Ihre Meinung und beeindrucken Sie Ihre Kollegen mit Ihren erstaunlichen Ideen.

2. Nutzen Sie Ihre Fähigkeit, Energien zu spüren, um das richtige Timing zu bestimmen. Dies ist sehr hilfreich, wenn Sie dem Chef neue Projekte vorschlagen oder sich beschweren wollen.

Für Ihre Beziehungen

Für den Empathen, der seine Persönlichkeit noch nicht verstanden hat, sind seine Beziehungen entweder kompliziert oder einseitig. Mit dem Wissen, das Sie gewonnen haben, können Sie Beziehungen aufbauen, die gesund sind und gedeihen.

1. Wenn Sie Ihre Gabe nutzen, die Wahrheit von der Lüge zu trennen, können Sie aktiv die Art von Menschen auswählen, von denen Sie instinktiv wissen, dass sie Ihr Bestes im Sinn haben. So bleibt die Energie um Sie herum positiv.

2. Nutzen Sie Ihre kreativen Fähigkeiten, um sich Geschenkideen, lustige Aktivitäten und andere einzigartige Erlebnisse auszudenken, die Menschen miteinander verbinden und Freundschaften fördern.

Für Ihre Finanzen

Geld ist für jeden ein heikles Thema. Ob Sie ein Empath sind oder nicht, Sie brauchen grundlegende Finanzkenntnisse, um Ihr Geld effektiv zu verwalten. Verständlicherweise stellt Geld für den Empathen keine starke motivierende Kraft dar, aber es gibt keinen Grund, warum Sie nicht wohlhabend sein können.

Ihre empathischen Fähigkeiten können Ihnen in den folgenden Bereichen helfen:

1. Machen Sie Ihre Leidenschaft zu Geld. Empathen werden von den Dingen bewegt, für die sie brennen. Wenn Sie einen Weg finden können, Ihre Leidenschaft zu einer Einnahmequelle zu machen, knacken Sie einen Jackpot.

2. Nutzen Sie Ihr Netzwerk, um Eigenkapital aufzubauen. Ihre Beziehungen sind in der Regel Ihr wertvollstes Vermögen. Wenn Sie Ihr Netzwerk ausbauen, bauen Sie auch Ihr Vermögen aus.

Für Ihre geistige Gesundheit

So sehr Empathen auch mit einer Menge emotionaler Probleme zu kämpfen haben, so sehr können sie auch die besten emotionalen Erfahrungen machen. Damit es Ihnen geistig gut geht, tun Sie Folgendes:

1. Verwenden Sie Ihr Energieradar, um die Arten von Energie zu filtern, die Sie an sich heranlassen wollen. Mit positiven Energien wachsen Sie. Negative Energien hingegen lassen Sie verkümmern.

2. Nutzen Sie Ihre Fähigkeit zur Verbindung, um eine Verbindung mit Ihren wahren Absichten herzustellen. Die Menschen gehen durch das Leben, ohne zu wissen, was sie wollen. Das versetzt sie in einen schrecklichen

mentalen Zustand. Doch dies gilt nicht für Sie. Setzen Sie Ihren Verstand ein, dann können Sie zu jedem Zeitpunkt genau wissen, was Sie wollen.

Für Ihr spirituelles Leben

Bei Ihrer Spiritualität geht es jetzt nicht um Religion. Sondern darum, Harmonie zwischen Körper, Geist und Seele herzustellen. Empathen sind sehr spirituelle Wesen, und Sie können die Erfahrung verstärken, indem Sie eines der folgenden Dinge tun:

1. Nutzen Sie die Energie, die Sie in der Natur finden, um sich zu revitalisieren und zu erfrischen. Dies wendet alles Negative, das Sie in Ihr Leben gebracht haben, ab und hilft Ihnen, einen Zustand der Glückseligkeit zu bewahren.

2. Verbinden Sie Ihr naturgegebenes Talent mit Ihrer Wahrnehmungsgabe. Auf diese Weise gelangen Sie an einen scheinbar endlosen Vorrat an Ideen. Menschen neigen dazu, auszubrennen, und auf der Suche nach dem, was sie verloren haben, werden sie rastlos. Ihre empathische Gabe kann einen stetigen Nachschub für Ihr Talent bieten.

Die Macht der Empathie in der heutigen Zeit

Die Welt, in der wir heute leben, ist chaotisch. Es gibt kaum einen Tag, an dem Sie die Nachrichten einschalten und nicht Zeuge des Elends und der Tragödien werden, mit denen andere Menschen zu kämpfen haben. Das Aufkommen der Technologie hat es möglich gemacht, dass die Medien bis in die entlegensten Winkel der Erde vordringen und diese Leidensgeschichten bis zu Ihnen nach Hause bringen. Da man ständig mit diesen Dingen konfrontiert ist, ist es nicht verwunderlich, dass sich die Menschen emotional von den Leiden anderer abgegrenzt haben. Es ist so schlimm geworden, dass Empathie ein fast ausgestorbenes Gut in der menschlichen Gefühlspalette geworden ist.

Die heutige Welt entwickelt sich weiter, und ich bin der Meinung, dass die Welt ohne Empathie in einen chaotischen Zustand kippen würde. Empathie schafft ein Gleichgewicht zwischen dem Schmerz, den ein Mensch zuzufügen vermag, und der Freude, die ein anderer Mensch zu geben vermag. Empathie ist das, was die Menschheit ausmacht. Wir unterscheiden uns in unseren Erfahrungen, unseren Persönlichkeiten und in unseren Überzeugungen. Empathie ist die Brücke, die uns alle miteinander verbindet. Man sagt, dass Liebe eine allgemeine Sprache ist und jeder sie versteht. Das war vielleicht vor ein paar Jahrhunderten so. In dem Zustand, in dem sich die Welt gerade befindet, hat die Liebe mehrere Sprachen und es braucht ein gewisses Maß an Selbsterkenntnis, um sie auch wirklich fließend zu sprechen.

Empathie ist die neue universelle Sprache. Die Welt braucht die Fähigkeit, sich in ein anderes Wesen hineinzuversetzen und an seinem Wohlergehen genug Interesse zu haben, um sich um dieses zu bemühen, und Empathie ist die allgemeine Basis dieser Fähigkeit. Empathie reagiert auf Bedürfnisse, und die Welt ist ein Ort, der voller bedürftiger Menschen ist, und ich meine nicht bedürftig im Sinne von „anhänglich". Jeder hat in gewisser Weise das Bedürfnis, von jemand anderem gehört zu werden. Ohne Einfühlungsvermögen würde dieses Bedürfnis noch lange Zeit weiterwachsen und zu Spannungen führen. Durch diese Spannungen läuft die heutige Welt auf Reserve und Empathie ist die einzige Möglichkeit, die Situation zu entschärfen.

Ich will damit nur sagen, dass Sie jetzt mehr denn je wertvoll sind. Wir begannen diese Reise damit, wie andere Menschen Empathen wahrnehmen. Und im Nachhinein kann man sagen, dass ihre Ansichten Empathen irgendwo zwischen einem Alien und einem Verrückten ansiedeln. Ich glaube, dass Sie es jetzt besser wissen. Jetzt wissen Sie, dass Sie ein sensibles, spirituelles Wesen sind, das voller Licht und Leben ist. Die Kämpfe, die Sie bisher führten, sind vorübergehend, und wenn Sie das Wissen, das Sie hier gewonnen haben, konsequent umsetzen, haben Sie das Potenzial, ein außergewöhnlicher Mensch zu werden. Sie sind der Superheld, den die Welt auf ihrer Seite braucht. Ihre Anwesenheit ist eine ständige Erinnerung daran, dass es eine Menge Gutes in der Welt gibt und wir nicht im Himmel nach Engeln suchen müssen.

Abschluss

Wir Empathen sind sensibel, wir sind emotional, wir können uns nicht zusammenreißen. Und das ist der Grund, warum ich dieses Buch geschrieben habe. Ich wollte das Potenzial widerspiegeln, das in jedem Empathen steckt. Wir sind keine zurückgezogenen Heulsusen, sondern mächtige Krieger mit der Fähigkeit, unsere Welt zu verändern. Lassen Sie das auf sich wirken!

Wir sind in diesem Buch viele Umwege gegangen, und das Ziel war es, jeden Aspekt unseres täglichen Lebens zu beleuchten. Ich wollte es in handliche Teile zerlegen, mit denen man etwas anfangen kann. Ich sehe dieses Buch als einen Spiegel, und je klarer er ist, desto besser ist das Bild, das man von sich selbst bekommt. Wir begannen damit, das Narrativ darüber zu ändern, wer wir sind, und gingen dann allmählich zu der Frage über, wie wir mit alltäglichen Situationen umgehen. Wir gingen sogar auf die dunkle Seite des Daseins als Empath ein. Anschließend kamen wir zu den Kapiteln, in denen wir über unsere einzigartigen Fähigkeiten sprachen.

Ich hoffe, dass Sie nach allem, was Sie in diesem Buch gelesen und entdeckt haben, den Mut finden, Ihre innere Stärke wahrzunehmen, und dass Sie jetzt anfangen, Ihr bestes Leben zu leben. Sie können sich etwas noch sehr wünschen, aber es wird nichts ändern, wenn Sie nicht daran glauben, dass Sie dieses kostbare Geschenk verdient haben. Vor Jahren, als ich das Gefühl hatte, dass mein Leben vorbei war und ich nichts mehr zu bieten hatte, wollte ich nichts so sehr wie eine zweite Chance im Leben. Ich wollte einen kompletten Neuanfang. Während der Jahre, die ich brauchte, um alles zu lernen, was ich in diesem Buch ausgebreitet habe, bekam ich meine zweite Chance. Ich wusste nur nicht, dass sie es war. Und mit „sie" meine ich das Wissen, das ich im Laufe der Zeit erworben hatte. Meine Mutter pflegte mir zu sagen, dass Wissen nutzlos ist, solange man es nicht in die Tat umsetzt, und so waren diese Informationen anfangs für mich wirklich nutzlos. Bis ich anfing, sie in die Praxis umzusetzen. Daher werde ich diese Weisheit an Sie weitergeben. Nehmen Sie alles, was Sie aus der Lektüre dieses Buches gewonnen haben, und wenden Sie es an. Indem Sie es anwenden, werden Sie entdecken, was für Sie funktioniert und was nicht. Wenn Sie diesen Prozess durchlaufen, werden Sie besser, weiser und stärker.

Dieses Buch skizziert den Prozess, wie Sie Schritt für Schritt in eine glücklichere und gesündere Verfassung gelangen. Ich habe sichergestellt, dass der Inhalt positiv, nachvollziehbar und praktisch ist. Ein Empath zu sein, ist kein fremdes Konzept. Es ist unsere Realität und Teil meines Ziels war es, ein Buch mit einer ausgewogenen Perspektive auf jeden Aspekt unseres Lebens zu schreiben. Wenn ich dramatisch sein wollte, würde ich sagen, dass es in diesem Buch darum geht, das Glück auf Ihre Seite zu ziehen, und ich glaube, dass uns das gelungen ist. In Ihren Händen halten Sie jetzt ein Hilfsmittel, das Ihre Stärken und Schwächen aufzeigt. Es hebt Ihre Interessen und Ihre Leidenschaften hervor und es zeigt klar Ihre Risiken und Ihre Chancen auf. Es ist kein Zauberstab, mit dem Sie einfach herumwedeln, das Zauberwort sagen und dann verändert sich Ihr Leben über Nacht, aber es überträgt Ihnen die Macht der Veränderung.

Und nun, da wir zum Ende gekommen sind, ist es mein aufrichtiger Wunsch, dass Ihr Prozess nicht in der Sekunde endet, in der Sie dieses Buch schließen. Ich möchte, dass die Worte, die in diesem Buch enthalten sind, in Ihrem Herzen lebendig werden. Ich möchte, dass sie Sie in Momenten, in denen Sie sich niedergeschlagen fühlen, inspirieren und eine Leidenschaft in Ihnen hervorrufen, die Sie Ihre Träume in vollen Zügen verfolgen lässt. Als Empath verstehe ich jedoch, was Ihnen bei all dem die größten Schwierigkeiten bereiten wird, und mit diesem Wissen folgt nun mein Wunsch für Sie. Ich wünsche mir, dass Sie sich selbst als die wunderbare Person sehen, die Sie sind, und schließlich dieses Geschenk, das Ihnen gegeben wurde, annehmen. Ich kann fast sehen, wie es in Ihrem Gehirn zu arbeiten beginnt, und ich hoffe, dass Sie endlich akzeptieren können, dass Sie das Glück verdient haben. Dass Sie Ihre Bedürfnisse und Träume nicht länger für alle anderen hintanstellen müssen. Sie haben das gleiche Recht wie alle anderen, glücklich zu sein. Das soll nicht heißen, dass Sie aufhören sollen, Sie selbst zu sein. Es ist nur eine freundliche Erinnerung daran, dass Ihre Träume und Bestrebungen einen Teil von Ihnen bilden. In diesem Sinne sage ich: Willkommen in den besten Tagen Ihres restlichen Lebens. Bleiben Sie authentisch.

Literatur

Bauer, J. (2021). *Das empathische Gen: Humanität, das Gute und die Bestimmung des Menschen* (1. Aufl.). Verlag Herder.

Hasslbauer, S. & Beck, C. (2022). *Endlich frei vom Säbelzahntiger und wie die Maus zum Elefanten wird: Narzisstischer Missbrauch als eine Form von Gewalt in zwischenmenschlichen Beziehungen und Möglichkeiten, sich daraus zu befreien.* (Auflage 1 Aufl.). LöwenStern Verlag.

Heintze, A. & Heintze, H. (2018). *Die Gabe der Empathen: Wie du dein Mitgefühl steuerst und dich und andere stärkst.* MVG Moderne Vlgs. Ges.

Orloff, J. & Ogbeiwi, A. (2018). *Wenn dir alles unter die Haut geht: Das Überlebenshandbuch für Empathen und Hochsensible* (1. Aufl.). Trinity.

Rohleder, L. (2021a). *Die Berufung für Hochsensible: Die Gratwanderung zwischen Genialität und Zusammenbruch* (5. Aufl.). dielus edition.

Rohleder, L. (2021b). *DIE LIEBE EMPATHISCHER MENSCHEN: Die Gratwanderung zwischen wahrer Liebe und seelischen Verletzungen. Bessere Beziehungen, mehr Selbstliebe und weniger Liebeskummer für sensible Menschen* (3. Aufl.). dielus edition.

Weinbach, P. (2021). *Bin ich hochsensibel? Hochsensibilität bei Frauen: Wie du als hochsensible Frau deine Resilienz erhöhen, Gelassenheit steigern und Stress bewältigen kannst - für mehr Glück und Zufriedenheit.* KR Publishing.

Winter, K. (2021a). *Deine Berufung als Empath: Wie du als sensibler Mensch das Leben führst, das wirklich zu dir passt. Eine Herzensreise von der Sehnsucht zur Verwirklichung.* Emotico.

Winter, K. (2021b). *Sensible Menschen in Beziehungen: Der Weg zur wahren Liebe als Empath. So erkennst du Manipulatoren, schützt dich vor toxischen Abhängigkeiten und findest endlich deinen Traumpartner.* Emotico.

Winter, K. (2022). *Hochsensibilität und Empathie Komplettset – Das große 4 in 1 Buch: Empathie ohne Stress | Berufung finden | Sensible Menschen in Beziehungen | Hochsensibilität neu entdecken.* Emotico.

www.ingramcontent.com/pod-product-compliance
Lightning Source LLC
Chambersburg PA
CBHW031422120626
46545CB00006B/2229